W0264807

Coñones del Reino de España

ALFONSO USSÍA

Ediciones B
GRUPO ZETA

Barcelona - Madrid - Buenos Aires - México D.F. - Santiago de Chile

1.ª edición: mayo 1997
1.ª reimpresión: junio 1997
2.ª reimpresión: junio 1997
3.ª reimpresión: junio 1997

© Alfonso Ussía Muñoz-Seca, 1997
© Ediciones B, S.A., 1997
Bailén, 84 - 08009 Barcelona (España)

Printed in Spain
ISBN: 84-406-7404-X
Depósito legal: B. 28.484-1997

Impreso por LIBERDÚPLEX, S.L.
Constitució, 19 - 08014 Barcelona

Todos los derechos reservados. Bajo las sanciones establecidas en las leyes, queda rigurosamente prohibida, sin autorización escrita de los titulares del *copyright*, la reproducción total o parcial de esta obra por cualquier medio o procedimiento, comprendidos la reprografía y el tratamiento informático, así como la distribución de ejemplares mediante alquiler o préstamo públicos.

Coñones del Reino de España

ALFONSO USSÍA

Al paisaje elegido por mi alma, el del valle de los laureles, allá en Ruiloba, Cantabria, contemplado desde Ruilobuca, tan antiguo y querido en la sangre y las raíces de mis amores, hermano del de Toranzo, que nació a los Quevedo de don Francisco, y a la Vega de Carriedo, primer paso de don Félix Lope de Vega Carpio, y al de Viveda, abrazo del Saja y el Besaya, de los hidalgos Calderón, que de la Barca fraguaron al apellido noble de don Pedro. A mi paisaje, que siempre será el mío, nunca cambiado, valle abajo va, desde Ruilobuca hasta el barrio de la Iglesia.

I

DE MARCIAL AL MEDIEVO

Salidos, misóginos, clérigos carotas y rencorosos sublimes

Desde el primer siglo de nuestra era, con Marco Valerio Marcial, la vida pública española, incluso la privada, ha estado afortunadamente expuesta al leve fustazo, el aguijón intencionado o el castañazo verbal y contundente de los poetas satíricos, coñones y cachondos. La denuncia del abuso de poder, la sonrisa ante la innecesariedad, la petulancia o la cursilería, el simple esfuerzo humorístico o el cabreo monumental se han vestido de verso e ingenio en defensa del sentido común y de la limpieza social.

Miguel de Cervantes, en ocasiones antipático y soberbio, despreciaba el talento satírico —tan suyo, por otra parte—, más por picajoso antagonismo con sus colegas rivales que por propio convencimiento. El hecho de que Lope, Góngora y, sobre todo, Francisco de Quevedo, gastaran tiempo y talento en el ejercicio satírico, le llevó a apostillar:

> Nunca voló la humilde pluma mía
> por la región satírica, bajeza
> que a infames premios y desgracias guía.

Lo escribió para molestar, porque pocos han llegado a la altura satírica del primer gran humorista español.

Pero vamos a Marcial, príncipe por primero de la sátira, natural de Bílbilis, hoy conocida como Calatayud, y muy probablemente antepasado de La Dolores. Mal asunto el de La Dolores. Pronunciaba una conferencia en Calatayud José María Pemán. El alcalde del momento —y del Movimiento—, le hizo partícipe de las susceptibilidades locales.

—Don José María, no mencione lo de La Dolores porque aquí la broma no hace ni puñetera gracia.

—Descuide, señor alcalde.

Mal hizo el señor alcalde en descuidarse, porque Pemán estaba decidido a no hacer ni puñetera gracia a los vecinos de Calatayud.

—Sé que están ustedes hartos de la coplilla de La Dolores. Pero con su permiso, me he permitido la libertad de modificarla.

Si vas a Calatayud
pregunta por la Manuela,
que es nieta de la Dolores
y más puta que su abuela.

Y casi le corren hasta la estación.

Pero retomemos a Marcial, poeta y jurista, vago y licencioso, un «pelota» de la época, cobista de Nerón y cínico hasta lo inaudito. Amable crítico de sí mismo, y despiadado con los demás.

Lino, dos veces cautivo
te tienen tus ignorancias.
Nada sabes, y no sabes
tampoco que sabes nada.

No queda, en ocasiones, demasiado antiguo.

Pensando en tu novia, Andrés,
te depilas pecho, axilas,
pubis, minga, piernas, pies...
¿En quién pensarás, Andrés,
cuando el culo te depilas?

El ingenio de Marcial se duerme en el año 104 y con él desaparece durante siglos la gracia del epigrama, esa composición breve, precisa y aguda que definiera cientos de años después Juan de Iriarte.

A la abeja semejante
para que cause placer,
el epigrama ha de ser
pequeño, dulce y punzante.

Federico Carlos Sáinz de Robles, en su *Antología del epigrama español* salta del año 104, muerte de Marcial, a 1490, nacimiento de Cristóbal de Castillejo. ¿Por qué un lapsus tan terrible y vacío de catorce siglos? ¿Dónde estaban los poetas quejosos, bienhumorados, obscenos y satíricos? Hacían pinitos en la lírica, en la mística y en la patética, en la nunca llamada estética rimada positiva, aunque de principios del siglo XIV nos animara la obra valiente y magnífica de aquel clérigo «progre», irreverente, tabernario, mujeriego, chismoso y lúcido que fue Juan Ruiz, el arcipreste de Hita.

Yo he visto muchos curas en sus predicaciones
despreciar al dinero, también sus tentaciones,
pero al fin, por dinero, otorgan los perdones
absuelven los ayunos y ofrecen oraciones.

Con Cristóbal de Castillejo, monje cisterciense de leche muy cortada, se aclara tímidamente el horizonte epigramático, que luce con esplendor desde Baltasar del Alcázar, también conocido como «Anacreonte» o «Tirteo», sevillano fino y para muchos —juicio que estimo exagerado— el más grande de los poetas epigramistas.

Fue Baltasar del Alcázar dominador de lenguas, astrónomo, diestro en el manejo de las armas, buen navegante y gran fornicador, por no decir putero, pues las alzadas de enaguas las compensaba con regalos caros y mimosos.

Cielo son tus ojos, Juana,
cielo dispuesto a llover,
pues siempre suelen tener
nubes a tarde y mañana.
Relámpagos, agua y nieve
son perpetuo desconsuelo.
Si Dios no tiene otro cielo
nunca Dios allá me lleve.

Otorgando un descanso al epigrama, que tan bien cumplieron Alcázar, Hurtado de Mendoza, Juan Salinas, y en su más alto magisterio Luis de Góngora, Lope de Vega y Francisco de Quevedo, que con Argensola, Villamediana, Salas, Iglesias y Torres de Villarroel —y Manuel del Palacio en el XIX— forman la más rutilante constelación de este género breve, bueno es volver la vista hacia atrás, a la España aún dividida y torpemente reinada en su parte por el burro de Enrique IV de Castilla, patria también de su hermano don Alonso, al que por sus bondades y virtudes muchos quieren sentado en el trono fraterno. Tiempos de Jorge Manrique, que comparte la lírica con la sátira, muy de sus días y costumbres, densa, procaz, sangrienta y amplia como sus Tercias de Villafruela y sus Lugares de campos. Poemas burlones y burlados de la Edad Media, exhaustivos, vulgares y de tono subido. Tiempos pasados —afortunadamente— de las *Coplas de Mingo Revulgo* de Hernando del Pulgar. De García de Astorga, de Juan de Valladolid, de Perálvarez de Ayllón, de Suero de Ribera, de Rodrigo de Reynosa, de Diego de San Pedro, de Alonso de Baena y de Antón de Montoro, «El Ropero». Aquí no hay sutilezas que valgan, y saltan los *Diálogos del coño y el carajo* de García de Astorga; *La mujer que hiede de boca* de Lope de Sosa; *El beso en el ojo del culo* de Diego de San Pedro. Género éste que cultivaba con timidez el gran Jorge Manrique, y con más desparpajo su señor padre, el conde de Paredes, a quien el poeta inmortaliza en sus sentidas e incomparables *Coplas*.

Porque el conde de Paredes, que se nos presenta en el poema de su hijo como crisol de virtudes y de valores eternos, caballero fiel a su rey, el Infante don Alonso, padre ejemplar y amantísimo esposo de su muy aburridísima esposa doña Mencía de Figueroa, era para su fortuna y solaz lo que en tiempos de mi abuelo se decía un «tarambana», y además de tomo y lomo, amigo de tahonas y de burdeles, filósofo del requiebro, y muy propenso al camastreo y el fornicio con las lugareñas ardientes de sus tierras encomendadas.

Escribía «El Ropero», con donaire y finura:

Gentil dama singular
honesta en toda doctrina;
mesuraos en vuestro amblar
que por mucho madrugar
no amanece más aína.
Las nalgas bajas terreras
mecedlas, por lindo modo,
poco a poco, y no del todo
al traer de las caderas.
Y al tiempo del desgranar
que el hombre se desatina,
mesuraos en vuestro amblar,

que por mucho madrugar
no amanece más aína.

Eran tiempos de luchas y trifulcas, y los poetas se las tenían tiesas los unos con los otros. Así, Juan de Mena, probo y sensato, se despacha con el mariscal Iñigo Ortiz con poca mesura:

Iñigo, no mariscal,
capitán de la porquera,
más liviano que cendal
y que flor de ensordadera*.

Al mariscal Iñigo Ortiz le importa la copla un rábano.

Hanme dicho, Juan de Mena,
que en coplas mal me tratasteis,
pues yo os juro al que matasteis
que no os me vayáis sin pena,
salvo si lo desordena
por punto de Barahá**
aquel que libró a Joná
del vientre de la ballena.

Aunque no tanto como ahora, ya se plagiaba. Antón de Montoro «El Ropero» acusa a Juan de Valladolid de robarle unas estrofas, que posteriormente le entregó a la Reina.

Noble Reina de Castilla,
pimpollo de noble vid:
esconded vuestra vajilla
de Juan de Valladolid.

* Flor que se deshace fácilmente con el viento
** Baruja. Bendición.

Juan de Valladolid, responde a Montoro con un pellizco en el linaje. Lo que después se traduciría como «perro judío».

Hombre de poca familia,
de linaje de David.
Ropero de obra sencilla,
más no Roldán en la lid.

Más que antifeminismo, misoginia pura y dura. En los poetas catalanes y gallegos de la Edad Media, la misoginia es habitual y pertinaz.

Según Kenneth R. Scholberg, en su *Antología de la poesía zahiriente del siglo XV*, el odio a la mujer en la poesía castellana nace con el *Cancionero de Baena*. Así, de una dueña que no quiso colaborar con el ardor de un caballero salido, escribió Alfonso Álvarez de Villasandino:

Señora, pues que no puedo
abrevar el mi carajo
en ese vuestro lavajo
por domar el mi denuedo,
he perdido según cuedo*
mi afán y mi trabajo,
si tras el vuestro destajo
no vos arregazo el ruedo.

Señora hermosa y rica,
yo quería recalcar
en ese vuestro albañar
mi pija quier grande o chica.
Como el asno a la borrica
vos quería enamorar;

* Creo.

no vos ver, mas apalpar
yo deseo vuestra crica.

No se anda con rodeos Álvarez de Villasandino. Se enfada porque no puede domar «su denuedo» abrevando su carajo en el lavajo —coño— de ella, y le reconoce que su intención no va más allá de enamorarla como el asno a la borrica, que no tiene necesidad de mirar para palpar y gozar con la burra.

Demasiado directo, este Álvarez de Villasandino. Pedro Álvarez de Ayllón, en cambio, va más por la lírica y el enamoramiento. Confía en sus posibilidades y se lleva una decepción, cuando ella, nada rendida a sus encantos, le pide dinero a cambio del placer.

Con mi crecido cuidado
he sabido de vos cierto,
que os vence más un ducado
que el más lindo requebrado
que anda por serviros muerto.

Yo os pensaba de agradar
y andaba al revés la rueda;
yo os servía con suspirar,
con músicas y trovar,
vos queríaislo en moneda.

Y termina, mosqueado y rencoroso.

Y siendo vos de tal trato,
cuanto me congojo y mato
tanto es mayor menosprecio;
Y pues la cosa anda en precio
yo os espero a más barato.

Y Diego de San Pedro, autor de *Cárcel de amor*, un

serial de la época, algo así como una telenovela del Medievo, es capaz de vengarse de la dama que le negó un simple beso.

Y si hay algún primor
para no tener ninguno,
y digo que algún gordor
el coño y el salvohonor
os ha hecho todo uno.
Así como el Duerantón
pierde el nombre entrando en Duero,
así, por esta razón
perdió el nombre el avispero
cuando entró en el coñarrón.

Finísimo él.

En el Medioevo, también sobresale el espíritu anticlerical en algunos poetas. La actitud cínica e inmoral de numerosos clérigos escandaliza a los juglares. El anticlericalismo por aquel entonces era mucho más arriesgado que en la actualidad y seguramente igual de justificado. La joven le cuenta a su madre la gran devoción que siente por su amigo Fray Antón. Esta letrilla, ligera y divertida, aparece publicada en el *Cancionero musical de los siglos* XV *y* XVI, y Scholberg se la atribuye a un tal Alba:

No me le digáis mal
madre a Fray Antón;
no me le digáis mal
que le tengo en devoción.

Madre, yo no niego
que él burla conmigo,
y de aqueste juego
siempre le castigo.

Mil veces le digo:
«Padre, tentación.»
No me le digáis mal
que le tengo en devoción.

Cuando estamos juntos
ambos de rodillas,
sácame por puntos
algunas cosquillas
en el corazón.
No me le digáis mal
que le tengo en devoción.

Es fraile subido
de muy lindo talle,
que desde la calle
viene apercibido.
Arroja el vestido
y queda en jubón.
No me le digáis mal
que le tengo en devoción.

Cuando quiere entrar
viene muy honesto,
mesurado el gesto
por disimular.
Háceme turbar
su visitación.
No me le digáis mal
que le tengo en devoción.

Fray Antón era un pícaro que se tiraba a la joven, lo que no supone ninguna novedad, pues de siempre han tenido fama los clérigos de buenos fornicadores. Algunas veces, sus pretensiones fallaban. Lo canta el poeta a la manera de diálogo entre una dama y un abad.

El abad que a tal hora anda
¿Qué demanda?

—Demanda merced, señora,
y suplica el galardón
de que afloje su pasión
tan sólo por una hora.
Quéjase, porque empeora
su dicha* cuanto más anda.
¿Qué demanda?

—Lo que demandáis, señor,
no se os debe otorgar,
porque las cosas de amor
no son de vuestro manjar;
antes las debe olvidar
persona tan veneranda,
que demanda.

También la cursilería. La falsa apariencia. El mal gusto en el vestir. Se tenía a los portugueses adinerados por poco discretos. Siempre la austera Castilla imponiendo su severidad. De Antón de Montoro es la coplilla que se burla del *dandy* portugués de la época.

Decid amigo, ¿sois flor
u obra morisca de esparto,
o lavanco** o ruiseñor,
gallo, martín pescador,
o mariposa o lagarto?

Y Jorge Manrique, de quien se recela injustamente cuando se recuerda su rasgo satírico, escribe de una beata

* El poeta pierde la ocasión de entrar en la modernidad. Más acertado hubiera sido el verso «su picha cuanto más anda».

** Pato.

borracha que rezaba y se encomendaba a sus santos, cuyos nombres coincidían con denominaciones de vinos:

¡O Beata Madrigal,
ora pro nobis a Dios!
¡O Santa Villarreal,
señora, ruega por nos!
¡Santo Yepes, Santa Coca,
rogad por nos al Señor,
porque de vuestro dulzor
no fallezca la mi boca!

¡Santo Luque, yo te pido
que ruegues a Dios por mí;
y no pongas en olvido
de me dar vino de ti!
¡O tú, Baeza beata,
Úbeda santa, bendita,
este deseo que quita
del Torontés que me mata!

El siglo XVI es glorioso también en el epigrama. A los poetas se les ven mejor las segundas intenciones. Fácil lo pone el bachiller Francisco de la Torre.

Tú, Marica, hombre has de ser
según tu dominio informa,
que quien tiene tal poder
de ningún género o forma
es género de mujer.
A tu gobierno extendido
nada el marido replica;
el sexo va confundido.
Tú eres, Marica, el marido,
y tu marido, el marica.

II

LOS GRANDES DEL SIGLO DE ORO

Del vidrioso Góngora al *playboy* del conde pasando por el cojo y el vividor

De golpe Góngora, el grande. Enjuto, agrio, tremendo. Mal enemigo a tener y peor a recibir. Poeta solemne y rastrero, de ingenio claro y concepto retorcido, más moderno que los de hoy en día, casi tan certero como su rival cojitranco y miope. Ni una palabra de más ni una amargura de menos.

Presuntuoso y distante, hijo de un juez del Santo Oficio y de una dama noble, lo primero que hizo fue cambiarse el orden de los apellidos. Porque antes que Góngora era Argote. ¿Esnob? Más que algo y casi mucho. Soberano del soneto, dominador de letrillas, mal enemigo.

Ande yo caliente
y ríase la gente.

Traten otros del Gobierno
del mundo y sus monarquías,
mientras gobiernan mis días
mantequillas y pan tierno.

Y las mañanas de invierno
naranjada y aguardiente,
y ríase la gente.
Coma en dorada vajilla
el príncipe mil cuidados
como píldoras dorados,
que yo, en mi pobre mesilla
quiero más una morcilla
que en el asador reviente,
y ríase la gente.
Cuando cubra las montañas
de plata y nieve el enero,
tenga yo lleno el brasero
de bellotas y castañas.
Y quien las dulces patrañas
del rey que rabió, me cuente,
y ríase la gente.

¿Burlón o malasangre? El Siglo de Oro no tenía periódicos, y las noticias se extendían por chismes y rumores. Saltaban los epigramas de un lado al otro, y rebotaban en muros y cancelas, y viajaban de ciudad en ciudad en boca de recitadores que llenaban de pueblo risueño sus esfuerzos.

Ya era Madrid capital del ingenio, de la golfería y de las intrigas. Cervantes hubiera sido, junto a Quevedo, colaborador del *ABC*. Góngora de *El País*, Villamediana de *El Mundo* y Lope de Vega de todos. En su *Historia de Madrid*, Antonio Mingote dibuja una plazuela concurrida. Unos van y otros vienen y también los hay que se paran y conversan con conocidos encontrados. «Alguno de los personajes que un transeúnte podía encontrar por las calles de Madrid en los primeros años del siglo XVII.» Y ahí están Cervantes, Góngora y Francisco de Quevedo; el conde de Villamediana, El Greco, Espinel y Argensola, Tirso de Molina y Francisco de Rioja,

Vélez de Guevara, Pérez de Montalbán —el Galinsoga de su tiempo—, Agustín de Rojas y Mateo Alemán, Mira de Amescua y Juan de Mariana, Lope de Vega y Vicente Espinel, y entre todos ellos, paseando de la mano de una criada lozana y buenorra, el niño Pedrito Calderón de la Barca. Una tontería.

Da bienes, fortuna
que no están escritos.
Cuando pitos, flautas,
cuando flautas, pitos.
Cuán diversas sendas
se suelen seguir
en el repartir
las honras y haciendas.
A unos, da encomiendas,
a otros, San Benitos.
Cuando pitos, flautas,
cuando flautas, pitos.
A veces despoja
de choza y apero
al mayor cabrero
y a quien se le antoja.
La cabra más coja
parió dos cabritos.
Cuando pitos, flautas,
cuando flautas, pitos.
Porque en una aldea
un pobre mancebo
hurtó un solo huevo
al sol bambolea.
Y otro se pasea
con cien mil delitos.
Cuando pitos, flautas,
cuando flautas, pitos.

Y claro, para calentar el ambiente, contra Lope de Vega.

Dicen que ha hecho Lopico
contra mí versos adversos.
Mas si yo vuelvo mi pico
con el pico de mis versos
a este Lopico lo-pico.

Antes, ya le había dedicado alguna de sus delicias.

Dicho me han por una carta
que es tu cómica persona
sobre los manteles mona
y entre las sábanas, marta.

No le tenía simpatía a Lope, no. Menos aún a Quevedo. Tampoco entre ellos se respetaban mucho. Así, un día que Lope de Vega y Quevedo se reconcilian, Góngora lo canta.

Hoy hacen amistad nueva
más por Baco que por Febo
don Francisco de Quebebo
y Félix Lope de Beba.

Nadie ha llamado mejor, con más talento y con más crueldad «borrachos» a sus rivales. Claro que Quevedo, que sabía del cambio de apellidos de Góngora, de la nobleza de su madre y del origen judío de su padre, se lo había recordado en endecasílabos.

Yo te untaré mis obras con tocino
para que no las roas, Gongorilla.

Félix Lope de Vega Carpio, el Fénix de los Ingenios, el mejor hijo de Madrid. Barrabás, divertido, mujeriego, cortesano, fraile, corneador y cornudo, fecundo y magistral, mito. El gran mito. Todos le envidian y alguno le teme. Creador prodigioso. Y más —eso no se perdona— feliz en venturas que desventuras, pues se divirtió como nadie y se pasó lo que se tenía que pasar allá por donde ustedes se figuran.

En llamar a un rey Alteza,
que lo llaman a una torre,
aunque es lenguaje que corre
no es propiedad ni pureza.
Si a señor es señoría
y al excelente le dan
excelencia, bien dirán
a una infanta, infantería.

Su soneto risueño por excelencia lo conocen hasta los niños de Rentería.

Un soneto me manda hacer Violante,
que en mi vida me he visto en tal aprieto;
catorce versos dicen que es soneto;
burla burlando van los tres delante.

Yo pensé que no hallara consonante
y estoy a la mitad de otro cuarteto;
más si me veo en el primer terceto
no hay cosa en los cuartetos que me espante.

Por el primer terceto voy entrando
y aún parece que entré con pie derecho
pues fin con este verso le voy dando.

Ya estoy en el segundo, y aún sospecho,
que voy los trece versos acabando.
Contad si son catorce, y está hecho.

Con mucho menos talento y efectividad, Diego Hurtado de Mendoza había intentado lo mismo. Escribir un soneto del soneto. Se nota la diferencia.

Pedís, reina, un soneto, y ya lo hago;
ya el primer verso y el segundo es hecho.
si el tercero me sale de provecho
con otro verso el un cuarteto os pago.

Ya llegó el quinto. España, Santiago;
fuera, que entro en el sexto; sus, buen pecho;
si del séptimo salgo, gran derecho
tengo a salir con vida de este trago.

Ya tenemos a un cabo los cuartetos,
¿Qué me decís señorá? ¿No ando bravo?
Mas sabe Dios si temo los tercetos.

Y si con bien este soneto acabo,
nunca en toda mi vida más sonetos,
que de éste, gloria a Dios, ya he visto el cabo.

Sin menospreciar a Diego Hurtado de Mendoza, la comparación entre ambos sonetos no se justifica. Encorsetado, difícil y áspero el segundo. Fácil, como una fuente, el de Lope. Ahí radica una de sus virtudes literarias. Lo hace todo fácil, sin aparente esfuerzo, porque su técnica y su dominio de la métrica son de fábula.

Y pasa Argensola, bastante aburrido, y llega el maestro. Aquí don Francisco de Quevedo y Villegas, también nacido, como Lope, en la villa de Madrid. Son sus padres oriundos de Cantabria, de la montaña, del valle de Toranzo, en concreto de la aldea de Vejorís, cuya casa solariega, arruinada, describió el propio Quevedo de esta guisa.

Es mi casa solariega
más solariega que otras,
que por no tener tejado
le da el sol a todas horas.

Madrileño y montañés. Como Lope de Vega, hijo de don Félix de Vega, natural de la Vega de Carriedo, o como Pedro Calderón de la Barca, enraizado en Viveda, entre los prados que contemplan la unión de los ríos Saja y Besaya. Madrileños los tres, hijos los tres de montañeses, todos hidalgos, hijos de algo, altivos de sangre sin mezcla africana. Que así lo dijo Calderón:

Porque los míos, sin reyes
fueron más que reyes moros
porque fueron montañeses.

Insuperable Quevedo. Para algunos, vituperable. El académico Francisco Rico se ha atrevido a llevarle a los infiernos literarios. No estoy de acuerdo. Quevedo alcanza firmamentos y baja a las soterras cuando y como quiere. También Lope y Góngora suben y descienden a su antojo. Quevedo es la síntesis de lo satírico, brutal y fabuloso.

¿Qué decir del genio de los genios de la sátira? ¿Del muy acomplejado, tierno, dulce y áspero Francisco de Quevedo? ¿Del «soy un fue, y un será, y un es cansado»? ¿Del enemigo a muerte del conde duque de Olivares, y fiscal implacable del quebradizo, culto y apocado rey don Felipe IV? ¿Qué elegir del llamado en sus tiempos «maestro de errores, doctor en desvergüenzas, licenciado en bufonerías, bachiller de suciedades, catedrático de vicios y protodiablo entre los hombres»? Pocos como él han elevado la poesía satírica a nubes tan altas, ni la burlona a horizontes tan claros, ni de la mala leche se hizo cántaro de agua tan limpia, al menos, en apariencia.

La innecesariedad, la presunción de lo que no se tiene, la flor de las falsas apariencias —en resumen, la cursilería—, sacan de quicio a Quevedo. Léase este poema y estímese si no es adaptable a nuestros días, a las vacías mujeres de la llamada *jet set*, a los horteras de las revistas del corazón, a la gentuza que hoy vive en la «famosidad».

Ésta, que está debajo de cortina
como si fuera tienda de barbero;
que con rostro severo
hermosa y grave, a todos amohína.
Ésta, que con la saya azul entera
cubre la negra honra decentada;
aquesta, de diamantes empedrada
y por dentro, más blanda que la cera.
Ésta, que se entretiene
como el perro de falda que allí tiene,
siendo sus faldas tales de ruines
que no la guardarán treinta mastines...
Ésta fue cotorrera
y hartó de carne a Utrera.

Era su nombre Juana,
hija de un zurrador y una gitana.
Subió a fregona y se llamó Ana Pérez
con ayuda de un sastre y de un alférez.
Y viéndose triunfante
a Toledo se fue con un farsante,
adonde por doncella, una alcahueta
se la vendió a un trompeta.

Llamóse doña Luisa,
cosa que a ella misma le dio risa;
y a caza de apellidos,
por no pegar el don de vacío un hora,

a la Corte se vino hecha señora,
con joyas y vestidos
adonde por lo puta y por lo moza,
se llamó doña Julia de Mendoza.

El Quevedo político tiene una obsesión. El conde duque de Olivares, el resbaladizo, astuto, todopoderoso y déspota valido del rey Felipe IV. Son decenas los versos que Quevedo dedica al conde duque, siempre agudos y sangrantes.

No he de callar por más que con el dedo,
ya tocando la boca, ya la frente,
silencio avises o amenaces miedo.

¿No ha de haber un espíritu valiente?
¿Siempre se ha de sentir lo que se dice?
¿Nunca se ha de decir lo que se siente?

Fiel a su viejo señor, el duque de Osuna, Quevedo arremete contra el Valido real, sobre todo —y de ahí las consecuencias—, en dos largos y masacrantes poemas. Su *Memorial a Felipe IV* y su *Padrenuestro Glosado* —el primero bajo la cobarde imposición del anónimo—, motivos de su prisión en el helado castillo de San Marcos de León, donde a Quevedo se le abrazó a los huesos un frío que no le abandonaría hasta la muerte.

Quevedo hunde al Conde Duque y a todo lo que tenga que ver con el Conde Duque. Hasta su hijo ilegítimo, Julián de Valcárcel, popularmente conocido como «Julianillo el jacarero», y que ya legitimado pasaría a llamarse, con rimbombancia, Enrique Felipe de Guzmán, marqués de Mairena y conde de Loeches, es víctima de la posiblemente justificada ferocidad del poeta. Y aún más, cuando muere Olivares, Quevedo, que al menos en vida le ha vencido, se lo lleva al infierno, donde le da la bienvenida el mismísimo Lucifer en persona.

Mandad, regid al infierno;
gobernad en sus cavernas,
que bien merece este puesto
el que me obligó en la tierra.

Y prepárenle a su hijo
don Julián, estancia regia,
que no tardará en llegar
en busca de Su Excelencia.

Con esto, dijo Luzbel:
—Cada diablo, a su tarea—,
y el conde duque entró luego
en las llamas, de cabeza.

Era Juan Pérez de Montalbán censor sapientísimo y cabronazo, y perseguía a Quevedo con especial inquina. Personaje de gran influencia en la Corte, protegido del conde duque, el doctor Juan Pérez de Montalbán, como gustaba de presentarse, padeció la justa respuesta del poeta madrileño.

El doctor tú te lo pones,
el Montalbán no lo tienes,
y así, quitándote el don
te quedas sólo en Juan Pérez.

Quevedo, como Lope de Vega, como Luis de Góngora, es un instrumento divino y humano de la genialidad. ¿Qué exigir a quien puede escribir el más bello soneto de amor de la poesía castellana?

Cerrar podrá mis ojos la postrera
sombra, que me llevare el blanco día,
y podrá desatar esta alma mía
hora, a su afán ansioso lisonjera.

Más no de esotra parte la ribera
dejará la memoria en donde ardía;
nadar sabe mi llama la agua fría
y perder el respeto a ley severa.

Alma a quien todo un dios prisión ha sido,
venas que humor a tanto fuego han dado,
médulas que han gloriosamente ardido,

su cuerpo dejarán, no su cuidado,
serán ceniza, más tendrá sentido.
Polvo serán, mas polvo enamorado.

Su diálogo entre el galán y la dama, descorazonador y escéptico, sigue vivo. La eterna historia de los amores vendidos y las pasiones compradas.

GALÁN: Como un oro, no hay dudar,
eres niña y yo te adoro.
DAMA: Niño, pues soy como un oro
con premio me he de trocar.
GALÁN: De oro tus cabellos son,
rica ocupación del viento.
DAMA: Pues a sesenta por ciento
daré cada repelón.
GALÁN: ¿Qué precio habrá que consuele
oro que rizado mata?
DAMA: Como me dé el trueco en plata
dejaré que me repele.
GALÁN: No hay plata para pagar
prisión que vale un tesoro.

DAMA: Niño, pues soy como un oro
con premio me he de trocar.
GALÁN: ¿Tan grande es la estimación
del oro? ¿A tanto se entiende?
DAMA: Hasta el orozuz pretende
ventajas contra el vellón.
GALÁN: Oro que codicia el alba
¿vendes por cosa del suelo?
DAMA: Págame tú en plata el pelo
que yo me quedaré calva.
GALÁN: Quien lo quisiere comprar
pierde al amor el decoro.
DAMA: Niño, pues soy como un oro
con premio me he de trocar.

Y claro, Juan de Tarsis, o de Tassis, conde de Villamediana, fusta implacable de la sociedad, bello y agudo, terror de la Corte y de la aristocracia, *playboy* de sus calendas, que no sólo puso puntas, sino largos pitones a su rey, don Felipe IV.

Llego a Madrid y no conozco el Prado.
Y no lo desconozco por olvido,
sino porque me consta que es pisado
por muchos que debiera ser pacido.

El más inteligente, el más elegante, el más agudo. Quevedo —¡el propio Quevedo!— teme su talento, su rapidez, su brillantez suprema. Como un duque de Osuna del siglo XIX, despilfarra, regala, arruina, y siempre queda como Dios. Olivares le odia, el Rey recela, la Reina le ama, y él dale que te dale, hasta su muerte imprevista. El poeta Antonio Hurtado, en su *Madrid dramático* le describe.

Tal fama llegó a alcanzar
en toda la Corte entera,

que no hubo dentro ni fuera
Grande que le contrastara,
mujer que no le adorara,
hombre que no le temiera*.

Se cepillaba a la Reina, a la amiga de la Reina, a las servidoras de la Reina, a la panadera, a la prima de la panadera y a la misma proveedora de harina. Cuenta Sáinz de Robles que la condesa de Aulnoy —seguramente bien folladita por el conde—, en su *Relation du Voyage d'Espagne*, presumía de sus fornicios reales, llevando a todo lugar un collar de monedas de plata con la efigie de la Reina que él llamaba «Mis reales amores». Y también, que don Luis de Haro, de quien no se sospechaban cambios de acera ni pérdidas de aceite, lo definía «como el caballero más perfecto de cuerpo y alma que se haya visto». Un «punto filipino», como se decía en el XIX. Un *crack* —caballo de carreras invencible—, como se dice ahora.

Algo sucedió. En Madrid, calle Mayor arriba, esquina con Coloredos, noche de un 15 de mayo, Villamediana es asesinado. Alguien lo dijo: «Que pica bien, pero que pica alto.» Todos saben el porqué del crimen y la Corte calla. Olivares, el muy cabrón, se pierde en el silencio. De Góngora, o de Lope —y me atrevo a apostar que más bien de Lope**—, son estos versos que corren por Madrid.

Mentidero de Madrid
decidme: ¿Quién mató al conde?
Ni se dice, ni se esconde,
sin discurso, discurrid.

* Incluso que no le amara, porque el conde también le daba a la pluma cuando así le apetecía.

** Atribuidos a Góngora, y no de su estilo.

Unos dicen que es el Cid
por ser el conde, lozano.
¡Disparate chabacano!,
pues la verdad de ello ha sido
que el matador fue vellido
y el impulso, soberano.

Acusación directa. El «impulso soberano» no es otra cosa que la implicación del Rey en el crimen. Y «vellido», es el recuerdo de «vellido Dolfos». ¿Qué si no, y para qué el Cid? El conde de Villamediana fue asesinado por «sus reales amores», por cornear a Su Señor el rey Don Felipe, y la estrategia de su crimen se planeó en el Real Alcázar, mientras el Rey se hacía sus nocturnas pajas, la Reina soñaba con sus esporádicos polvos y Olivares cumplía sus más viles servicios.

En un epigrama insuperable de intención y segunda lectura, dedicado a un llamado Vergel, alguacil de la Corte, que se adornaba con joyas que le regalaban a su esposa sus afortunados amantes, escribe Villamediana:

¡Qué galán que entró Vergel
con cintillo de diamantes!
Diamantes que fueron antes
de amantes de su mujer.

III

DEL JOROBADO AL CURA

¡Pobre y magnífico Juan Ruiz de Alarcón! Jorobado de espalda y pecho, dromedario —¿quizá camello?—, enano y patizambo, feo y desdentado, señor en las cordialidades y los encuentros, exquisito de trato y el peor tratado por los sanguinarios poetas de su tiempo. Natural de Trasmiera, en las Asturias de Santillana —según Sáinz de Robles—, le llamó Antonio de Mendoza «zambo de los poetas», el canalla de Montalbán, «un hombre que de un embrión, parece que no ha salido», Tirso de Molina «don Cochambre de Alarcón», «Don Talegas, por una y otra parte» el malvado Quevedo. Y por supuesto, Góngora, «el que adelante y atrás, gémina concha te viste». Y el peor, Juan Fernández, que elogia sus jorobas.

> Tanto de córcova atrás
> y adelante, Alarcón, tienes,
> que saber es por demás
> de donde te corco-vienes
> o adonde te corco-vas.

Y el pobre, además, muy correcto con la métrica, muy estético con la rima y muy pesadito en su conjunto.

Alonso Jerónimo de Salas, Tirso de Molina, Miguel

Moreno, los tres buenos epigramistas, los tres coñones, los tres obsoletos. Quedan antiguos, huelen a rancio y tampoco es cosa de humillarles. Le llega la hora, ya ha crecido, a Pedrito Calderón de la Barca, que ya es don Pedro, y que a decir verdad lucía más garbo en otros géneros. Calderón es caballo de distancias largas, no de ráfagas. Pero lo intenta, y eso es de agradecer.

Durante el reinado de Carlos III con el muy perverso reverendo Juan Cortés Osorio, se alcanzan cimas de contundencia procaz y desvergonzada. Aquí, contra el príncipe don Juan, decía el inmoderado abate:

Chilindrón, que el hijo de puta
con potestad absoluta
puede sin ton y sin son.

Al ingenio anónimo pertenece esta breve composición dedicada a la reina doña María Luisa de Borbón, primera mujer de Carlos II, y de la que el pueblo duda la única virtud que les exige a las consortes foráneas: la fertilidad. La misma coplilla volvería a cantarse años más tarde, en 1724, en honor —o deshonor— de otra reina francesa, doña Luisa de Orleans, esposa del fugaz y nada antivariólico Luis I.

Parid, bella Flor de Lis;
en aflicción tan extraña,
si parís, parís a España,
si no parís, ¡a París!

Tampoco Felipe V se salva de la sátira. El rey Luis XIV de Francia hace de él a su antojo, y el pueblo no quiere a un rey memo y afrancesado.

El Rey, ni escuchar ni ver;
la Reina, ni ver ni obrar.

La princesa, oler, palpar,
y el confesor, absolver.

Y así absolviendo, no escuchando, menos viendo, obrando poco, oliendo mucho y mal, y palpando lo impalpable, se va desmoronando la base de un imperio demasiado grande para pueblo tan ajeno como oprimido, para Corte tan intrigante como ineficaz, y para monarca tan débil como desarraigado.

Alzado al trono y sentado en él nuestro señor don Fernando VI, los españoles se animan un tanto más y adoran a su reina, doña Bárbara de Portugal. El amor del pueblo a su soberana es tan espontáneo y profundo, tan de veras, que a su muerte se le canta esta estrofilla:

Bárbaramente comió,
bárbaramente cagó,
bárbaramente murió.

Con Carlos III, gran rey, culto y civilizado, inteligente y sensible, las abiertas grietas no pueden cerrarse. Los esfuerzos, por llamarlos así, del marqués de Esquilache:

Aprended flores de mí
lo que va de ayer a hoy,
que ayer Esquilache fui
y hoy el esquilado soy.

De O'Reilly.

Oyendo de los moros
el tiroteo,
dijo O'Reilly temblando
—¡Ay, que me meo!

Y de Grimaldi no consiguen más que abrir, a pesar de la excepcional personalidad del Rey, las heridas heredadas.

El viento satírico no perdona ni a los héroes. En enero de 1780, la escuadra española, al mando de Juan Lángara, es avistada, acosada, atacada, maltrecha, deshecha e irremediablemente hundida —como es habitual en las escuadras españolas—, por la inglesa que navega a las órdenes del almirante Rodney. Lángara, no obstante, es ascendido a teniente general por el rey Carlos III como premio a su valentía y heroísmo, que no a su eficacia.

Por perder siete navíos
a uno hicieron general;
al que pierda veinticinco,
me pregunto, ¿qué le harán?

Floridablanca y Godoy. El intrigante y el choricero de Castuera. Carlos IV en el alero, viéndolas venir, posando para Francisco de Goya y dejando libre de pasiones a su muy fea esposa, doña María Luisa de Parma, entreverada más de bigote que de pelusa. Y Godoy hace y deshace, manda y remanda, pone y quita, otorga y niega. El aposento real le ha infundido el carisma, y los ojos somnolientos, viciosos y agradecidos de su María Luisa satisfecha le dan un poder omnímodo. Ya es príncipe de la Paz y duque de Alcudia. Príncipe de la «Pasa» y duque de «Alcuza» para el buen entender del pueblo.

Vino de Castuera
y medró, ¡Quién lo dijera!
Y en las alforjas traía
ambición e hipocresía,
y además de la ambición
poquísima educación.

Amor desatado al vino
y a la carne de cochino.
Entró en la Guardia Real
y dio el gran salto mortal.
Con la reina se ha metido,
y todavía no ha salido,
y su omnímodo poder
viene de saber... joder.
Mira bien y no te embobes;
da bastante «ajipedobes*»
si lo dices al revés,
verás lo gracioso que es.
Y como el ingenio aguza,
le hace duque de la Alcuza,
como miró por Su Casa,
fue Príncipe de la Pasa
que a Indias y a España gobierna
por debajo de la pierna.
Es un mal bicho, al que al cabo
habrá que cortarle el rabo.

Y a Floridablanca.

No sabemos qué tiene
Floridablanca,
que al que apunta en su blanco
deja sin blanca.
Y el Rey contento,
porque el conde le paga
su diez por ciento.

Leandro Fernández de Moratín, Cadalso, Samaniego, el fabulista. Era Samaniego riojano, señor de las cinco villas del valle de Arraya, presidente de la Sociedad Vas-

* «Ajipedobes.» Leído al revés, «sebo de pija».

congada, enemigo a muerte de Tomás Iriarte, también fabulista, también influido por Lafontaine, también traductor de Voltaire. Riojano y canario —Iriarte nació en La Orotava, el milagroso valle de Tenerife—, no se llevaban, y Samaniego le dedicó una quintilla envenenada.

Tus obras, Tomás, no son
ni buscadas ni leídas,
ni tendrán estimación
aun cuando sean prohibidas
por la Santa Inquisición.

De Tomás Iriarte es el famoso epigrama en el que jugar con las palabras y su sentido se convierte en un ejercicio divertido y virtuoso.

—He reñido al hostelero.
—¿Por qué? ¿dónde? ¿cuándo? ¿cómo?
—Porque donde cuando como,
como mal, me desespero.

Vuelven los días del epigrama. Época de gloria para el género brevísimo. Como pájaros de los árboles o ratas de las alcantarillas, se multiplican los poetas que ocupan, con humor o veneno, las páginas de los folletos, los panfletos y los periódicos satírico-políticos. La ambición desmedida, los lamentos del cornudo —origen del tango y la ranchera—, los defectos físicos, la moralina barata, la animadversión común, el grito de la decadencia y la hipocresía social ante el sexo, retornan de la mano de Iglesias, Salas, Forner, Solís, Lista, Martínez de la Rosa, Bretón de los Herreros, Hartzembuch, Baldoví y Villergas. De entre ellos, más fuerte de pensamiento que de físico, sobresale José Iglesias de la Casa, clérigo y latinista, magnífico en sus letrillas.

¿Ves aquel señor graduado,
roja borla, blanco guante,
que *némine discrepante*
fue en Salamanca aprobado?
Pues con su borla, su grado,
cátedra, renta y dinero,
es un grande majadero.

¿Ves servido un señorón
de pajes en real carroza
que un rico título goza
porque acertó a ser varón?
Pues con su casa, blasón,
título, coche y cochero,
es un grande majadero.

¿Ves al jefe blasonando
que tiene el cuero cosido
de heridas que ha recibido
allá en Flandes, batallando?
Pues con su escuadrón, su mando,
su honor, heridas y acero,
es un grande majadero.

¿Ves al juez con fiera cara
en su tribunal sentado
condenando al desdichado
reo que en sus manos para?
Pues con sus ministros, vara,
audiencia y juicio severo,
es un grande majadero.

¿Ves al que esta satirilla
escribe con tan denuedo
que no cede ni a Quevedo
ni a otro ninguno en Castilla?

Pues con su vena, letrilla,
pluma, papel y tintero,
es mucho más majadero.

Buena táctica la de Iglesias. La autocrítica concede más amnistías para ejercer la crítica ajena, sobre todo la literaria, siempre corrosiva y pedante. «Pedancio» llamaba Moratín a los críticos, todos unidos en el apodo, todos diana de su desprecio.

Tu crítica majadera
de los dramas que escribí,
Pedancio, poco me altera.
Mas pesadumbre tuviera
si te gustaran a ti.

Los escritores, de siempre, han pertenecido a bandas rivales. A finales del XIX cambiaron las bandas por las ideologías. En el teatro, sobre todo, los críticos se han dedicado a pulverizar las obras de los adversarios. De ahí nace, creo, la «antecrítica» del autor, elogio escondido de la propia criatura, falsa modestia endulzada, e incluso, en determinados escritores, una atronadora ovación aplaudida por ellos mismos. Ya lo dijo Calderón de la Barca:

El que quisiese tener
nombre en el mundo famoso,
alábese; que es forzoso
para darse a conocer.

Es el extremeño Francisco Gregorio de Salas, buen epigramista y también —como muchos— sacerdote. Capellán real y académico de San Fernando. Mordaz con algunos colegas de sotana.

Tan mal cantó el *Pater Noster*
que nunca el coro entonado
respondió con más razón:
—*Sed líbera nos a malo.*

Ite —dijo— *Misa est*,
pero con tan poca gracia,
que todos se hubieran ido
aunque no se lo mandara.

Buscaban un motivo de riña y siempre lo encontraban. José Somoza, liberal y zascandil, se reía de Martínez de la Rosa, cursi y blando como su apellido. Se decía que —al fin—, Martínez de la Rosa había encandilado a una jovencita llamada Isabela, no muy agraciada. Somoza, para molestar al dulce Martínez de la Rosa, le dedicó un retrato a la niña.

Óyeme tu retrato,
niña Isabela;
salvo ser justo,
salvo ser propio,
salvo que hiela.
Linda mata de pelo
peina tu mano;
salvo ser poco,
salvo ser corto,
salvo ser cano.
Con la luz de tus ojos
a alguno pierdes;
salvo que lloran,
salvo ser bizcos,
salvo ser breves.
Con tu boca preciosa
nada compite;
salvo ser grande,
salvo ser belfa,

salvo que pide.
Que tu pie es muy hermoso
nadie lo duda;
salvo ser largo,
salvo ser ancho,
salvo que suda.

Bretón de los Herreros, Alberto Lista —otro cura, y van...—, Martínez Villergas. Un pájaro de cuentas Martínez Villergas. Provocador, perseguidor, perseguido, viajero forzoso, altanero y faltón.

¡Que viva la perra!
¡Que viva!, repito.
Si gime la tierra
me alegro infinito.

A todo se atreve
la altiva comparsa
que explota la aleve
política farsa.
Parásitos muchos
consiguen el mando,
y cébanse, duchos,
la breva chupando.
Mas, ya que esa gracia
no arranca ni un grito,
si triunfa la audacia
me alegro infinito.

Llenando una resma
de versos, ni un chiste
os diera en cuaresma
que es época triste*.

* Escrito en plena Semana Santa.

Mas pronto, importunos,
serán desterrados,
cilicios, ayunos,
sermón y pescados.
Vendrán los jamones
y el buen cochifrito,
y habrá pastelones...
Me alegro infinito.

El pobre don Paco,
sin par caballero,
que andaba tan flaco
cuando era soltero,
logró con porfías
mujer cariñosa,
y todos los días
de él dice su esposa:
—Está muy redondo,
parece un cabrito.
—¿De veras? —respondo—.
¡Me alegro infinito!

Son Blas y Tomasa
tan dados a fiesta,
que siempre su casa
parece una orquesta.
Y aun he averiguado
que tocan en corro,
la gaita el criado,
la moza el piporro,
el bombo la madre,
las hijas el pito,
y el cuerno, su padre...
¡Me alegro infinito!

IV

EL DESMADRE

España tiene, cada día que pasa, menos ganas de sonreír. Llegado el momento, ya no tiene ninguna. Hemos entrado en el juego, desnudos y dignamente apaleados, de los repartos de influencias y los mejunjes de las cancillerías. Y nos colocan a un rey francés, José Bonaparte, corso plebeyo, de más virtudes que defectos. Pero es francés y hermano de Napoleón, detalles ambos de gran importancia para entender los recelos populares.

En Madrid, al pie de los carteles murales y pasquines que proliferan con las órdenes de José I, aparecieron —de un poeta desconocido muy amigo de un tal «Manolo»—, los versos siguientes:

> Manolo: Pon ahí abajo
> que me cago en esta ley;
> que aquí queremos un Rey
> que sepa decir «carajo».

Reina por poco tiempo y recuperamos a nuestro legítimo soberano, Fernando VII, al que Goya retrata con tanto cariño, mimo, maestría y estima.

No sé si gobierna bien
e ignoro si reina mal,
pero ¡Dios mío, qué cara
tiene el chico de animal!

Culminada la catástrofe Fernandina, los generales Prim y Serrano, en contra de los republicanos y del envolvente duque de Montpensier, encuentran en la persona del duque de Aosta, el infeliz y caballeroso Amadeo de Saboya, un efímero rey de España que llega horrorizado y se larga mucho más horrorizado todavía. La reina gobernadora, doña Cristina, viuda ya de Fernando VII, se casa con su amante, el teniente Muñoz, semental mucho más eficaz que su real y finado esposo.

Lloraban los liberales
que Cristina no paría,
y ha parido más «Muñoces»
que liberales había.

Y al cabo del tiempo, la reina niña, se ha convertido en Isabel II, pechugona y castiza, cachonda y folladora, volcán siempre en erupción, que apaga con sus oficiales de Húsares o sus Monteros de Espinosa, la llama furiosa de su pasión, que no consuela —porque ni lo intenta— su primo y esposo, el miramelindo, doble pluma y bujarrón don Francisco de Asís.

Y don Francisco de Asís
sacando su minga muerta,
al amparo de una puerta
lloriquea, y hace pis.

O también,

Paquito Natillas
es de pasta flora,
y orina en cuclillas
como las señoras.

Tiempos del pequeño Tren de la Fresa, que unía Madrid con Aranjuez a la trepidante velocidad de veinticinco kilómetros a la hora. Antesala de la Guerra Carlista, con sus boinas blancas, sus batallas hermanas entre los maizales de Guipúzcoa, sangre en los valles vizcaínos, y sus héroes inflexibles y románticos. Principio de la locura separatista y de la sinrazón fanática. Dios contra Dios, Patria contra Patria, Rey contra Rey.

¿Quién es «Sem»? ¿Quién se esconde detrás del seudónimo? ¿Quién a tanta procacidad y provocación se atreve en detrimento de la vida cortesana? ¿Quién es el autor de esas horribles e insultantes acuarelas con textos falderos que dañan y humillan a la Reina, al Rey consorte, a los patriotas políticos y militares, a las santas monjas y venerables confesores? ¿Quién es ese maldito Sem que publica en *Gil Blas*, la revista satírico política, las más atroces barbaridades? Busca y captura. ¿Quién es Sem?

Sem son dos. El más sutil de los acuarelistas y el más romántico de los poetas. Valeriano y Gustavo Adolfo Bécquer, que poco a poco, desde la oscuridad, van aumentando su obra satírica, que habría de titularse *Los Borbones en pelotas*. El talento y el arte al servicio del desahogo.

Gil Blas y *La Iberia*, donde Manuel del Palacio, el más grande —ahora sí— de los poetas epigramistas compite en gracia y valentía. Riesgo y donaire.

Himno de Riego, música y revolución.

Si Isabel quiere corona
que se la hagan de viruta,

que la corona de España
no es para ninguna puta.

Pero vayamos a Sem. Dibujos prodigiosos —algunos de ellos realizados entre ambos, que Gustavo Adolfo también fue diestro con el lápiz y los colores—, y textos terribles, nada «becquerianos». La imagen representa a Carlos Marfori, el último favorito, sentado en el trono. Sostiene a una Isabel II en porretas, con la corona en la cabeza. A su lado, el primer ministro Luis González Bravo, también desnudo, con una minga descomunal que agarra la Reina.

Sentada está en la poltrona
con chulo, cetro y corona.

En la cama, Isabel II y Carlos Marfori. Presentes Francisco de Asís y Luis González Bravo, ambos arrodillados. Al fondo Sor Patrocinio, la monja de las llagas. De pie, Pío IX bendiciendo el adulterio.

Pío Nono agradecido
a los dones de Isabel,
le da *bula singularis*
para que pueda joder.

Una barraca de feria. Luis González Bravo anuncia el espectáculo. El padre Claret recoge los donativos entre el público. Francisco de Asís toca el acordeón y Marfori observa desde la trastienda. El espectáculo es prodigioso. Isabel II desnuda sobre una tarima.

¡Entren todos y verán
la célebre niña gorda
que pesa quinientos kilos
sin el cetro ni corona!

Isabel II y Carlos Marfori en pleno fornicio. Se detallan con singularidad el peludo coño de la Reina y la enorme fuchinga armada de su favorito. Parodia de los versos de doña Inés a don Juan Tenorio. «Don Juan, don Juan, yo te imploro / de tu hidalgo corazón. / Arráncame el corazón / o ámame, porque te adoro.»

¡Carlos, Carlos, yo lo espero
de tu hidalgo corazón,
métela sin dilación
que ya, por joder, me muero!

Retrato de don Francisco de Asís. Un retrato primoroso, bien enmarcado, con el Rey consorte uniformado y de gala, pero con una particularidad. Le emerge al Rey de la cabeza una cornamenta de impresionante arboladura, un trofeo «medalla de oro» en los lances de la montería.

Vuestra noble faz empaña
el ñublo del deshonor,
desfaced presto esa niebla,
cortaos los cuernos, Señor,
que el mundo entero os señala,
la Europa os llama cabrón,
y ¡Cabrón! repite el eco,
en todo el pueblo español.

No se salvan los carlistas. Carlos VII y su esposa, Margarita de Parma, en plan íntimo. Ella desnuda, sobre un diván, con las piernas abiertas, se alivia con polvos de talco el conejón. Carlos VII, de rodillas, le ayuda.

Ella: ¡Ya está la caja vacía!
Él: Yo te echaré más polvos, vida mía.

De nuevo Francisco de Asís. De uniforme también. Asimismo con la cornamenta. Se agarra la minguilla —aquí mingorra—, con la mano y le da que te da.

El Rey consorte,
el mayor pajillero de la Corte.

Hasta con un burro. Isabel II en las caballerizas y un apuesto burro cepillándosela.

Por probar de todo...
de tirarse a un pollino encontró el modo.

La vida de Isabel II se resume en pareados. *Vida y milagros de Isabel de Borbón*. La composición no se firma, y su original aparece unido a otro poema *Mi querida Donna Isabel Segunda, última de la Dinastía Borrón.* Ambos originales pertenecían a José López Rubio, y los encontró entre sus papeles el padre José María Torrijos.

Gordita como un melón
nació Isabel de Borbón.

Antes de empezar a hablar
ya pensaba en fusilar.

Tan bellas disposiciones
son propias de los Borbones.

Antes de cumplir los siete
se enamoró de un cadete.

Su padre, al verla tan mona
fue, y le dejó la corona.

Pero Don Carlos, su tío
armó en España el gran lío.

Y empezó la sarracina
para echar a su sobrina.

Apoyaron sus deseos
unos facciosos muy neos.

A Don Carlos, en Luchana,
le zurraron la badana.

Siete años duró la guerra*
en esta bendita tierra.

Todo por la tía aquella;
¡Que el Diablo cargue con ella!

Al fin casó Isabelita
con el señor de Paquita**.

Y a pesar de lo beata,
comenzó a sacar la pata.

Tuvo una niña primero
que era todo un coracero.

Paquita se hace la sorda
mientras su mujer engorda.

* De siete años, nada. La guerra de los carlistas aún perdura, en 1997. De ahí nace el separatismo vasco, y aquellos «facciosos muy neos» hoy se dividen entre el PNV y Herri Batasuna.

** Francisco de Asís de Borbón.

¡Qué complaciente y amable
fue el follador responsable!

Vino a Madrid un tenor
e Isabel le hizo el amor.

En tanto, los liberales,
sufren pasiones y males.

Nació el principito en cueros*
con un casco de ingenieros.

Cada año que pasaba
un niño Isabel nos daba.

A cada partido de éstos,
aumento en los presupuestos.

Su vida y sus aventuras
disimulaban los curas.

Tuvo en ella gran dominio
una tal sor Patrocinio**.

Entre ésta y un fraile listo***
arman la de Dios es Cristo.

La nación su pena aumenta,
y ella duplica la renta.

Viene el cólera inclemente
y devora a mucha gente.

* Alfonso XII.
** María José Quiroga, «la monja de las llagas».
*** El padre Claret.

La Reina, en tan grave trance
tiene miedo de un percance,

y dejándonos morir
se va a La Granja a vivir.

¡Era muy consoladora
aquella buena señora!

Se arma en junio el gran tiberio
que puede ser lance serio.

Para dejarnos contentos
fusila a treinta sargentos.

Esto al pueblo irrita más,
y dice: —Las pagarás.

Pero ella sigue sus planes
y multiplica galanes.

Va al circo, y mira anhelante
a un aplaudido cantante.

Deja al cantante después
y hace a Marfori marqués.

Un día, día de gloria,
se corta la fea historia.

Nuestros bravos marineros
dan el grito los primeros.

Se pronuncia, en fin, la Armada
del Ejército ayudada.

Y llega al punto la cosa
de ponerse borrascosa.

Isabel a Francia vuela
corriendo que se las pela.

Con ella se va Marfori
cantándole el «gori-gori».

Su dinastía indecente
cae definitivamente.

Ya se fue la enredadora
¡Vaya usted con Dios... Señora!

Que lo pase usted muy bien.
¡Requiescant in pace, amén!

Y Manuel del Palacio, el más grande y fecundo de los poetas epigramistas del XIX, y me atrevería a escribir que de la historia satírica española. Poeta de arte mayor y de arte menor, sonetista y letrista, romántico y áspero, «de la Real Academia Española» y de la irreal academia de la calle. Poeta perdido en el olvido y hoy resucitado. A José Luis Gordillo Courciéres le debemos su retorno. Su libro *Un poeta satírico del siglo XIX*, en que recopila los sonetos políticos de don Manuel, merece el calificativo de «joya literaria». Estudio simultáneo de la época, y de sus colegas contemporáneos.

Aparece, ¡cómo no! Sor Patrocinio, la monja de las llagas, María Josefa Quiroga y Capopardo, tan asediada por Sem. Para unos, santa por sus milagrosos estigmas. Para otros, una zorra cortesana, Celestina de la Reina y pajillera de Francisco de Asís. Bretón de los Herreros le escribe un soneto con versos proparoxítonos.

Temo que el cetro se convierta en báculo,
y el Estado, hoy caduco, muera ético,
si otro escolapio, en ademán ascético,
logra ser del Rey cónyuge el oráculo.

Venero a Dios, venero al tabernáculo;
más no a hipócrita sor que con emético
llagas remedia, a cuyo humor herpético
fue quizás el torpe vicio receptáculo.

¡Cuestión de religión la que es de clínica!
Y darnos leyes desde el torno, ¡Cáscaras!
Esto no se tolera ni en el Bósforo.

Mas si la farsa demasiado cínica
se repite, caerán todas las máscaras,
y arderá España entera como un fósforo.

Manuel del Palacio se cachondea de Antonio Alcalá Galiano, ministro con Istúriz de Marina y con Narváez de Fomento. Chaquetero y apóstata, y además, feo de llorar. En una estrofilla y en un soneto, Palacio le hiere:

¿No dicen que la elocuencia
embellece mucho al hombre?
Pues por su cara, Galiano
tiene poco de Demóstenes.

Y en endecasílabos, con las dos cuartetas de su soneto:

Miradlo bien; su cara es la del mono,
largos los brazos, cuerpo contrahecho,
ruin estatura y encorvado pecho,
de gran palabra y elocuente tono.

Le hizo Dios en un rato de abandono;
la vil apostasía es su derecho,
halla en su propia indignidad provecho,
y hoy al cinismo le levanta un trono.

Al capitán general Juan Zabala y de la Puente, marqués de Sierra Bullones, de Torreblanca, de San Lorenzo de Valle Umbroso, de La Puente y de Sotomayor, conde de Villaseñor, Grande de España, tres veces laureado, caballero del Toisón de Oro, presidente del Consejo y ministro de Marina. Sobre todo de Marina, que es lo que divirtió a Manuel del Palacio.

Fue ministro de Marina,
y preguntó muy formal
si las velas de los buques
eran de aceite o de gas.

A Pedro José Pidal, director de la Academia de la Historia y ministro en los gobiernos de Istúriz y Narváez. Reconocido como sabio, a Manuel del Palacio le causa risa su deficiente forma de hablar. Dice Gordillo Courciéres que en una intervención en el Congreso que produjo una «carcajada sin número entre sus señorías», Pidal había aludido a las «reinas hembras». Pedro José Pidal, que fue honrado con el marquesado de su apellido, era hombre serio y seco, lo que aún divertía más a Manuel del Palacio.

La patria de Pelayo y de Favila
fue la patria también de este sujeto;
vino a Madrid, y hablando a lo paleto
en la gente de Asturias se hizo fila.

Según en cierto círculo se estila
buscó de una influencia el amuleto;

y un conde, cuya historia yo respeto
le bautizó de sabio siendo un lila.

Ministro y diplomático famoso
fue luego en ocasiones diferentes,
y en casi todas ellas hizo el oso.

Jamás para reír, mostró sus dientes,
pasa por hábil, y aunque no es gracioso
hace reír muchísimo a las gentes.

También a Marfori, el amante de Isabel II y a Francisco de Asís, a quien Palacio llama «Paquita».

Diz que Paquita está triste,
la incomparable Paquita,
que desde su niñez viste
en vez de enaguas, levita.
Paquita, ¿qué te ocurrió?
¿A qué esta tristeza, di?
¿Tiene la culpa Marfo
ri?

Retrata a Castelar en su apogeo. Gloria de la oratoria, aún maestro de muchos pelmazos actuales. Grandilocuente, excesivo, erudito. Más palabras que ideas, lo que es suficiente.

Porque ahora, ni palabras ni ideas.

Cuando su arpada lengua se desata
y brota de su labio la armonía,
yo, que jamás contengo mi alegría
esto se llama —digo—, hablar en plata.

Viene después la reflexión ingrata
que de la mente el entusiasmo enfría,

y encuentro en su brillante algarabía
junto al águila real, la garrapata.

Escándalo mayúsculo. Han sido robadas las joyas de la Corona.

El ministro de Hacienda, en el Congreso, apunta a las autoras de la desaparición. María Cristina, reina gobernadora, y su hija, Isabel II. El caso es que las alhajas han volado.

Que hubo en Palacio joyas es sabido,
y aun se sabe también que eran muy bellas.
Solamente se ignora qué fue de ellas,
pues, como ustedes saben, se han perdido.

Quién dice que Isabel las ha vendido,
quién, que se las llevó Pepe Botellas,
quién, que las han limpiado las doncellas,
quién, que al partir, las empeñó el marido.

En esta confusión pasan las horas,
crecen las dudas, los insultos crecen,
hablan de honor cien voces seductoras.

Y al fin, ¿qué resultado nos ofrecen?
Que hay muchos caballeros y señoras
pero que las alhajas no aparecen.

Cuando muere José Abascal, Manuel del Palacio se despacha con un soneto poco respetuoso. El dos veces alcalde de Madrid sube a los cielos y ahí se encuentra con san Pedro, como de costumbre.

Del cielo en el portón llama un cuitado.
—¿Quién va? —dice San Pedro. —Uno que
viene.

—¿De dónde? —De Madrid, —¿Qué oficio
tiene?
—Soy un cesante liberal y honrado.

—¿Vivió en el mundo bien? —Viví casado.
—¿Murió en la fe católica? —Es de ene*.
—¿Y qué pide? —Que Dios no me condene
pues siempre fui de gratitud dechado.

Aún estaba el Señor medio dormido.
La relación oyó con disimulo
y, de Pedro acercándose al oído,

dijo: —La Ley es Ley, cúmplela, chulo;
¿Español, liberal y agradecido?...
Dale, si no le han dado, por el culo.

Una de las más divertidas vivencias de Manuel del Palacio —no tan divertidas para el poeta— la comparte con el ministro de Estado, el duque de Almodóvar del Río. Era el duque bajito y gruñón, Grande de España y corto de estatura, de mal carácter.

Manuel del Palacio, diplomático, es cesado en su destino, y se venga del duque.

¿No lo conoces aún?
Pues lo mismo que otros cien
no pasa de lo común.
Entre cursi y parisién,
trucha con algo de atún.

Parece grande y es chico,
fue ministro porque sí,
y en cuatro meses y pico,

* «Es de ene.» Quiere decir «por supuesto».

perdió a Cuba, a Puerto Rico,
a Filipinas, y a mí.

Y era verdad. Perdió a los cuatro. Manuel del Palacio fue el más serio y el más divertido de los poetas del XIX, y también, de los más cultos. Se rió de su sombra, pero siempre su sombra quedó favorecida. Demasiado ingenio para políticos tan insensibles.

V

EL SEXO, EL CLERO, LA ARISTOCRACIA Y LAS OBSESIONES EPIGRAMÁTICAS

Es también Granés un gran satírico, aunque menos afortunado en el talento. En cada esquina, un poeta. Cada día, un nuevo periódico. Lo resalta Gordillo Courciéres. En aquella España rural y analfabeta, con diecisiete millones de españoles, se publicaban, además de los periódicos nacionales y regionales de la época, decenas de revistas satíricas, rebosantes de preceptiva literaria y firmas osadas. Así, *El Acabóse, El Anti-Cristo, Barcelona Cómica, El Bazar Murciano, La Broma, El Buñuelo, El Caos, La Carcajada, El Cencerro, El Cesante, El Culebrón, El Fandango, La Filoxera, La Flaca, Fray Gerundio, Fray Supino, Fray Liberto, Fray Tinieblas, Fray Verás, El Garbanzo, Gedeón, La Jeringa, El Látigo, El Loro, Madrid Cómico, El Matamoscas, El Matute, El Nene, El Padre Adán, El Padre Cobos, El Papagayo, La Pitita, Relámpago, La Risa, La Saeta, Sancho Panza, El Tío Camorra, El Tío Conejo, El Tío Manolo, La Tomasa, El Trancazo....* Había que llenarlos, y los llenaban.

Epigramas y poetas para todos los gustos, todas las sensibilidades y armonías. De tono alto y tono bajo, sutiles o procaces. Así, de la hipocresía ante el sexo. Siglo XIX cachondo y lujurioso, disfrazado de falsas apariencias. De un tal Fray Gaspar.

A Juan Arango, pianista de gran fama
decía la otra noche cierta dama:
—¿No me toca usted nada
que a pasar nos ayude la velada?
Y complaciente Arango,
por tocarla algo, le tocó el «fandango».

Las señoritas «bien» no beben ni fuman. Pero el rapé ha entrado con fuerza en las modas sociales y su consumo no está del todo mal visto en fiestas y saraos.

Pepita a Pepe le dio
de su caja de rapé
un polvo; él lo tomó
y estornudando exclamó:
—¡Qué buen polvo tiene usté!

Teobaldo es amante de los animales, y en su epigrama se adivinan añoranzas de doble sentido. Esta quintilla ha superado los tiempos y se ha convertido en letra de cuplé:

Una gata encantadora
tengo, van a verla ahora,
es una cosa divina.
—¡Pepe! Saca la minina
que la vea esta señora.

La inocencia de las niñas cotufas de la época contrasta con la pervertida maldad de los pollos calaveras, ricos y titulados.

Yendo en el mismo vagón
con Juana, el conde del Álamo
sintió tal voraz pasión
que le dijo de rondón:
—¿Iremos juntos al tálamo?
El tálamo —creyó Juana
que era una estación lejana—
y le contestó: —No tal;
yo voy sólo al Escorial,
a la casa de mi hermana.

Ya el eufemismo del conejo. El más viejo y logrado sinónimo de coño. La pregunta del alumno al profesor. «¿Qué es más grande, el conejo o la liebre?» «La liebre, señor Fresneda.» «Entonces mi novia, liebre.»

Escribía Arenas:

Inés, la de Villarejo,
en la plaza vende caza,
y ayer gritaba en la plaza,
—¿Quién me compra este conejo?

Y Celestino Frías.

Vende barato Inés Rute
conejo a varias tabernas,
porque lo entra de matute
escondido entre las piernas.

Los buenos modales no estaban reñidos con los objetivos preestablecidos. De Tejada.

Dijo un pollo muy cortés
a un casado despidiendo:
—Póngame usted a los pies
de su esposa doña Inés
(yo luego, me iré subiendo).

De Marcial de los Ríos esta fresca quintilla con juego de palabras.

La mujer de Marcos Limo,
a la que he visto con varios,
cada vez que a ella me arrimo
me dice que uno es su primo,
¡Su...primo los comentarios!

Y Liborio Porset, estupendo epigramista, no se queda atrás.

Cuentan que en cierta ocasión
que el sueño rendía a Justo,
su bella esposa, con gusto,
le gritaba: —¡Dormilón!
Mas como el hombre se asía
a la silla y no escuchaba,
ella se la meneaba
cada vez que se dormía.

De Conde, esta cuarteta que se ve venir desde el primer verso.

Una hija tiene Rampolla
joven llamada Teresa.
—¿Es muy bonita su polla?
—Sí, muy bonita, y muy tiesa.

Daniel Blanco relata la cursilería —muy actual, por otra parte— de utilizar los diminutivos con reticencia y abuso.

¡Qué costumbre la que tiene
la cursi de Carolina
de hablar en diminutivo

aunque ignore lo que diga!
—Cómo me gusta escuchar
el canto de la avecilla;
cuánto diera por tener
una buena berlinita.
Qué guapito es este joven,
qué monina es esa chica.
Y así todo. Por decir
una vez, no se me olvida,
que su novio de Almadén
una mina poseía
dijo: —En Almadén, Luisito
tiene una hermosa minina.

Liborio Porset de nuevo, ahora con la amenaza del Infierno. Los Diez Mandamientos amenazantes, y sobre todo, uno.

A un quinto, que era de Pinto,
amó a la hija de Modesto,
mas con tan mudable instinto,
que antes de olvidar al quinto
le empezó a gustar el sexto.

Manuel Amor Meilán relata la visita de una tal Encarnación a un cortijo, cuyo cortijero, sin duda, quedó encantado.

Visitando Encarnación
el cortijo de Clavijo,
vio en un patio del cortijo
un excelente lechón.
Tanteó con atención
desde el rabo hasta el hocico,
y dijo en tono meloso:
—¡Vaya un animal hermoso!
¡Qué gordo lo tienes, chico!

Hay mujeres que no tienen compasión con sus maridos. La del pobre Mas es una de ellas. Carlos Cano, un grandísimo epigramista, lo certifica.

A la mujer de Mas, Blas
la visita por demás,
y según propios y ajenos,
para la mujer de Mas,
lo de Mas es lo de menos.

Cuando debutó en el Liceo de Barcelona la célebre soprano italiana Borgi Mamo, toda la ciudad se estremeció de arte. Además de una notable soprano, la Borgi Mamo tenía una cualidad que no es habitual en las «divas», la belleza. Enrique Franco, que estaba allí, nos lo cuenta.

La noche que en el Liceo
debutó la Borgi Mamo,
y que sirvió de reclamo
su belleza, según creo,
con refinado interés,
una de la Compañía
preguntó al marqués de Andía:
—¿Qué tal la Mamo, marqués?

Desde que el mundo es mundo, la masturbación ha ocupado en nuestras vidas un período de gran intensidad. Es lo lógico. Si se supera la manipulación, el sexto mandamiento nos espera, y nos vamos al Infierno merecidamente, según nos alarman.

Haciendo frutas de cera
a su novia dijo Juan:
—Ya que los moldes están
puedes hacerme una pera.

Mucho más moderno, y se lo debo a la memoria del gran penalista José María Stampa. El autor del epigrama es un catedrático de la Universidad de Valladolid, Alejandro Díez Blanco. Parece ser que don Alejandro, profesor de Lógica, supo de asuntos que ocurrían en el parque vallisoletano de Las Moreras, y lógicamente lo explicó:

Bajo los negrillos que hay en Las Moreras
los seminaristas se hacen sendas peras,
sendas o recíprocas,
que es cosa frecuente el que, entre los curas
haya un intercambio de manufacturas.

La misma imagen metafórica con Salvador Granés.

Todo el que se va a casar
tendrá en su novia una alhaja,
si la consigue encontrar
limpia de polvo y de paja.

El sexto mandamiento, el sexo prohibido, la puerta de Satán, tiene también lugar en las cosas de la política. esta estrofilla, cándida cuarteta, se cantaba durante la Primera República.

Dijo un día doña Justa
mientras conculcaba el Sexto:
—Si la República es esto,
la República me gusta.

La pobre doña Justa descubrió tarde el placer. Pura, en cambio, la joven que recuerda Campoamor, fue bastante avanzadita.

En la primera confesión a Pura
ya le negó la absolución el cura.

El sexo avanza. El maestro Cela, en su libro *Memorias, Entendimientos y Voluntades*, nos regala varias jotas, muy probablemente nacidas y cantadas en el XIX, que merecen nuestra atención. Si no son del XIX, son de don Camilo, o sea, que mejor.

> Estaba yo un día meando
> en la puerta de un ventorro,
> y entonces pasaste tú
> y me cortastes el chorro.

A eso se le llama un primer golpe de amor. Quizá de la misma sutileza y finura que esta jotilla.

> Cuando te veo venir
> y me miras cara a cara,
> siento yo un placer tan grande
> como si me la cascara.

Otra de don Camilo.

> Siempre que me encuentro un pelo
> me pongo a considerar,
> si será de la cabeza
> o de qué coño será.

Pero no todo es sexo, ni vicio, ni desprecio en el mundo epigramático. También se ridiculizan los defectos sociales, las situaciones ridículas y adversas. El español ha sido siempre muy aficionado a meter la pata, a inventar involuntariamente momentos difíciles por su falta de discreción. Manuel del Palacio nos brinda un ejemplo.

> Diálogo al vuelo cogido
> en el baile de Menchaca.

—Oriénteme usted, querido;
¿Quién es esa horrible vaca
que al pasar le ha sonreído?
—Se lo diré, caballero;
es doña Julia Terrón,
hija del duque de Ampuero,
y madre de este ternero
que está a su disposición.

El metedor de patas de Carlos Cano es más insistente. La va metiendo una tras otra hasta que su paciencia le enciende la indignación.

—Dígame usted, ¿Quién es ésa
que abre y cierra el abanico?
Sí, esa morsa. —¡Es mi señora!
—Perdone usted, he querido
decir la que está a su lado,
que es horrenda. —¡Es Rosarito
mi hija mayor! —No, la otra,
aquella que es como un higo
que ahora sonríe. —¡Es mi hermana!
—Sin duda bien no me explico;
me refiero a aquella rubia
que es lo más feo que he visto.
—¡Mi prima Rosa! —¿De veras?
¡Pues basta ya de remilgos!
¡Tiene usted una familia
que es un asco, buen amigo!

También el cotilleo, deporte nacional antes que la envidia, se registra en los versos de los poetas satíricos y coñones. En primera fila, como es costumbre, Manuel del Palacio, que dedica esta décima póstuma a un cotilla de la época. Los versos sirven perfectamente para leerlos con emoción en los entierros de los cotillas chuflas de hoy.

El que este mármol encierra
vivió, si se vive así,
con la humanidad en guerra;
y aunque inmóvil yace aquí
sigue escupiendo a la tierra.
Sólo no hirió su aguijón
a su madre, noble acción
que elogiársele podría,
a no mediar la razón
de que no la conocía.

Es José Bernat Baldoví, poeta satírico valenciano, natural de Sueca, el primer feminista español. Pero el feminismo fundamentalista y fanático, no se lo ha reconocido. De 1855 datan estos versos, que piden el paso libre para la mujer:

¡Pobre España! Tú ya ves
que bajo distintos nombres,
—Antón, Pedro, Juan o Andrés—,
siempre te gobiernan hombres
desde el año treinta y tres.
Y si bien, con torpe afán
te han hecho tascar el freno
cual a un turco el Gran Sultán,
nada te han dado de bueno
Pedro, Andrés, Antón ni Juan.
Si pues, tan menguados son
para regir los destinos
de nuestra infeliz nación,
los talentos masculinos
de Andrés, Juan, Pedro o Antón,
¿Por qué al ver tan poco medro
en cuanto a ti te concierne,
te has de aguantar como un cedro,
y dejar que te gobierne

Juan, Andrés, Antón o Pedro?
Corta de una vez la cepa,
fortuna juvat audaces,
y que toda Europa sepa,
de lo que somos capaces
Carmen, Rosa, Juana y Pepa.

En el polo opuesto, Liborio Porset, que define a las mujeres con el afecto y el cariño que siguen.

Lagartija con mezcla de caimán
cordero con fiereza de león,
paloma con instinto de gorrión,
céfiro que se trueca en huracán.

Bebida entre jarabe y alquitrán,
suave manjar que causa indigestión,
lira de oro que suena a mal violón,
libro escrito en vascuence y alemán.

Máquina de llorar y de reír,
manantial de dolor y de placer,
goma en ceder, acero en resistir.

Ángel a quien debemos el nacer,
diablo que nos persigue hasta morir...
Esto es, ni más ni menos, la mujer.

La medicina, los médicos y la poesía y los poetas nunca se han llevado bien. Los doctores tienen buenas razones para no llevar a los poetas a su círculo de amistades. El dolor, la enfermedad y la muerte no cuentan con horizontes de amnistías entre los epigramáticos. La enfermedad destruye, arruina la paciencia y encamina hasta la insolencia. De una dolencia en particular, trata el siguiente epigrama, divertidísimo, que se mofa de la resignación cristiana que las esposas, enfermeras y religiosas intentan infundir en los enfermos para superar sus crisis.

Sin estudiar medicina,
se sabe con evidencia,
que la retención de orina
es una fuerte dolencia.
Era uno que se quejaba
de esta grave enfermedad,
y su mujer le exhortaba
a tener conformidad.
«Acuérdate —le decía—,
lo que el Santo Job pasaba
y cuánto el pobre sufría.»
Y el marido respondía:
«De acuerdo. ¡Pero meaba!»

Al médico no se le perdonan aficiones ajenas a su ciencia.

Es muy sabio mi médico Medina,
canta bien, baila bien, es buen jinete,
maneja la pistola y el florete...
¡Lástima que no sepa Medicina!

Pascual Montagut tiene en alta estima y confianza la sabiduría de los facultativos.

Llegó un muchacho a cansarse
de su vida desdichada,
y ayer, por la madrugada
salió dispuesto a matarse.
Se fue al mar, y a la corriente
lanzóse obstinado y fiero,
mas lo advirtió un marinero

y le salvó diligente.
En su decisión formal
luego un arma preparó,
contra el pecho disparó
y al fin... ¡nada!, cargó mal.
Volvió a casa, de ira rojo
con el intento de ahorcarse,
pero al ir a estrangularse
rompió el cordel, que era flojo.
Postrer recurso ensayó
empeñado en su porfía;
fingió que algo le dolía
y a su médico llamó.
De saber, haciendo alarde
le auscultó don Nicomedes,
y... les participo a ustedes
que el entierro es esta tarde.

Alcalde Valladares dibuja al médico malhumorado que no gusta de ser interrumpido en sus momentos de ocio por un caso urgente.

Al doctor Martín Potiño
de mal genio, según fama,
dijo el criado de Aliño:
—Que está de parto mi ama
y vaya a sacarle el niño—.
El doctor le dio un vaivén,
y con malísimo empaque
y silbando como un tren
contestó: —Dile que quien
se lo metió, se lo saque—.

El doctor Martín Potiño mataba, simultáneamente, al mensajero, porque la frase «le dio un vaivén» no tiene otra interpretación que «le dio un mamporro, o una leche, o una torta, o un coscorrón». El criado de Aliño se la llevó puesta.

Puestas, y muchas, se llevaron los clérigos. Siempre ha sido España un país de doble vertiente religiosa. O detrás de los curas en procesión, o detrás de los curas en persecución. O con cirios o con palos. De la Guardia se cachondea de la capacidad de los sacerdotes homilíacos para hacernos ver a los fieles que somos malísimos y los culpables de todo.

Un cura que predicaba
el miércoles de Pasión,
en medio de su aflicción
estas frases murmuraba:
—¡Por vosotros le prendieron,
por vosotros le injuriaron,
por vosotros le azotaron,
y por vosotros le hirieron!
Las mujeres que esto oían
a suspirar empezaban,
y unas, el suelo besaban,
y otras, llorando gemían.
—¡Por vosotros le escupieron!,
el sacerdote insistió;
y entonces, un fiel gritó:
—¿Y por usted, qué le hicieron?

También en letrillas inofensivas, y que han saltado de generación en generación por la música de sus versos.

El cura de Alcañices
a la nariz le llama las narices;
y el cura de Alcañiz
a las narices llama la nariz.
Y así viven felices,
el cura de Alcañiz y el de Alcañices.

La crisis vocacional la retrata, con malísima idea —como siempre—, Juan Martínez Villergas.

Profesando una monja
contra su gusto,
dijo al atar el lazo
de su infortunio.
—Sí, yo profeso...
rencor a la abadesa
y odio al convento.

A principios de siglo, el cardenal Benavides visitó la villa de Calamocha. Las autoridades locales y provinciales se volcaron con Su Eminencia, y organizaron en su honor un recital de jotas. Cuando le llegó el turno al jotero Marcelino Sangarrén, alias «El Bizco», el recital tuvo que ser suspendido y aquello terminó como el rosario de la aurora. Y es que «El Bizco» no estuvo diplomático.

El monte cría conejos
y la ladera da vides,
y que le den cuatro hostias
al cardenal Benavides.

El poeta más ripioso de la historia es el padre Carulla, autor de *La Biblia en verso*, que escribió totalmente en serio y es imposible de leer sin soltar continuas carcajadas. A él se le atribuye una *Historia de Jesús* también versificada, con dos estrofas culminantes.

Así, para explicar en rimas el Nacimiento de Nuestro Señor, el padre Carulla escribe:

Nuestro Señor Jesucristo
nació en un pesebre.

¡Donde menos se espera,
salta la liebre!

En su afán salvador y misionero, Jesús marcha a la pecadora ciudad de Betulia, donde el mal y la perversión casi alcanzan los niveles de Sodoma y Gomorra. Pero el padre Carulla, lejos de alarmarnos, nos hace sentir la tranquilidad que dominaba el ánimo de Jesús en tan complicada misión.

Y entonces Cristo se fue
a la ciudad de Betulia,
como quien se va a un café,
o a una tertulia.

Muy probablemente, el padre Carulla fue el maestro del clérigo poeta, que en Vélez Málaga, a finales del pasado siglo, pronunció su sermón de la Pasión desde el púlpito íntegramente en verso. Cuando los fieles estaban a punto de dormirse por acuerdo unánime, se oyó el bombazo.

Le coronaron de espinas,
y a poco le dejan tuerto...
¡Pedazos de hijos de puta!
¿No es «pa» cagarse en sus muertos?

El anticlericalismo rimado alcanza cotas de obsesión en la Segunda República, y tiene en Luis de Tapia —«Poeta del Pueblo» le llamaron— a su mejor juglar. Luis de Tapia fue el poeta satírico más popular de la época, rabiosamente antimonárquico y contrario a la religión. Volveremos a él en su momento, no sin dejar prueba de su odio al clero, que sólo se suaviza por la glotonería.

—Haga profesión de fe.
—Presto estoy, padre Isidoro.
—¿Quién hizo el mundo?
—No sé.
—¿Tenemos alma?
—Lo ignoro.
—¿Hay Dios?
—Lo preguntaré.

Cuando la persecución a los religiosos se hace insoportable, cuando los conventos e iglesias de Madrid arden como piras, cuando la barbarie lincha a los sacerdotes y quema las obras de arte conservadas en los monasterios y parroquias, cuando el Gobierno republicano se establece el cierre de los espacios religiosos, Luis de Tapia, inteligente y agudo señorito del Madrid revolucionario, escribe una elegía dedicada a las monjitas cocineras y confiteras con el título *Lo sentiré*.

Aunque eternamente he sido
un radical convencido,
si se cierran los conventos
lanzaré amargos lamentos.
Y empaparé mil esponjas
en lágrimas por las monjas.
¿Que por qué, lector piadoso?
Pues... porque soy muy goloso.
¡Qué bollo tan excelente
hacen las de San Vicente!
¡Qué yemas tienen tan ricas
las hermanas Dominicas!
¡Qué bien hacen las Oblatas
las tortillas con patatas!
¡Cómo ponen el conejo
las madres de San Alejo!
¡Qué dulce el pastel de fresas

de las monjitas Salesas!
¡Qué peras hacen tan finas
las hermanas Ursulinas!
¡Qué huevos moles tan gratos
baten las Paulas, a ratos!
¡Qué bien sabe la arropía
de las Siervas de María!
¡Cómo endulzan el melón
las del Sacro Corazón!
¡Qué guindas, dulces y lisas
hacen las monjas Clarisas!...

Otra diana de los epigramistas es la aristocracia. Es curiosa la fijación de los poetas con la figura del «marqués». Para la clase media, el marqués es el paradigma de la nobleza, más que el duque, que el conde, que el vizconde o que el barón. Y cuando un marqués se arruina, o un marqués pierde combustible, o un marqués es un bala o un marqués sufre un tropiezo, el ingenio popular no perdona.

De un marqués que abusaba de gozos traseros y que falleció repentinamente, dijo el poeta:

Dejó este mundo de abrojos
por fin el señor marqués.
El marqués cerró los ojos...
los tres.

En su *Jardín de las víboras* Jaime Campmany escribe que el epigrama anterior se refiere a un marqués más pedorro que marica. No sé, no sé. Demasiado pedorro había de ser para trascender su trompeteo fuera de su círculo familiar y social. Me inclino más por la segunda opción.

López Silva narra con soltura la muerte de un aficionado a los toros, que «marqués era».

Cuando ya estuvo el toro preparado
entró el espada, le pinchó en un lado,
y el arma, despedida por la fiera,
se clavó en el cogote de un casado
que estaba en la barrera,
y marqués era.
Más con tan mala suerte,
que al pobre aficionado dio la muerte.
¡Y aún me dice su viuda muy formal
que falleció de muerte natural!

En su discurso de ingreso en la Real Academia Española, Antonio Mingote, el genio del humor español del siglo XX, nos regala este diálogo rescatado de las páginas del *Madrid Cómico.* Cachonda envidia española.

—¿No estás ya con el marqués?
—¡Pero hombre, si se arruinó!
—¿En cuánto tiempo?
—En un mes.
—¡Caramba, me alegro!
—Y yo.

Álvaro Cubillo de Aragón trata de la alegría de un marqués recién enviudado.

El marqués y su mujer
contentos quedan los dos.
Ella se fue a ver a Dios,
y a él le vino Dios a ver.

Pero el ataque más brutal y directo contra un aristócrata lo protagoniza en 1931 Rafael Alberti, con su *Romance al duque de Alba*. Se refiere Alberti —que pocos años antes, en 1928 escribe de un Domecq el poema más adulador, cautivador y bien cobrado que escribiera nunca— a Jacobo Fitz James Stuart, duque de Alba, padre de la actual titular. Aquí se desahoga el Alberti revolucionario y vengativo, y al modo de un Balbontín cualquiera, escribe:

El labio imbécil, caído;
ojos de lagarto muerto.
La comprobada impotencia
reblandecida, hasta el suelo.
Acuérdate, señor duque,
triste gargajo siniestro,
el último que tu casta
escupiera como ejemplo,
como muestra de un gusano
ya retepodrido y seco.
La historia de tu familia
la clausurarás, corriendo,
no los cerrojos dorados
que clavaran tus abuelos
sobre las puertas primeras
que tan noblemente abrieron,
sino los más miserables
cerrojos de tu despecho.
Duque de Alba, duque de Alba,
señorito madrileño*,
jamás soñaste un palacio
mejor que el que tú has deshecho.
Las manos que lo guardaban
no lloran de sentimiento,
lloran de rabia y de cólera,
y empuñan alto, el remedio
que ha de terminar con gentes

* Alberti no conocía al duque de Alba. Porque Jacobo Fitz James Stuart, de ser señorito, lo hubiera sido londinense, no madrileño.

como tú, canijo perro,
mixto de cabrón y mona,
ni de España, ni extranjero,
hijo de ninguna parte,
rodado excremento muerto,
último duque de Alba,
Alba triste, sin recuerdo.

¿Por qué esa crueldad con el duque de Alba? Alberti, uno de los más grandes poetas españoles, prodigio de la luz y de la palabra, heredero del talento milenario de su bahía, madrugador de imágenes insólitas y compositor de los poemas más musicales de su brillante generación, era comunista. Lo era y lo es hoy, felizmente, a sus noventa y cuatro años. También lo era en 1928, cuando escribe estrofas de adulación sin límite a otro aristócrata, el vizconde de Almocadén, poderoso bodeguero de Jerez de la Frontera. No es el romance de Alberti al duque de Alba un arrebato de furia proletaria contra la nobleza. Es una manía personal. De odiar a la aristocracia jamás hubiera escrito, ya militando en el Partido Comunista de España, este poema al vizconde de Jerez. Poema compensado económicamente y que rompe un tanto el esquema de proletario invulnerable del gran poeta del Puerto de Santa María.

¡Párate, gran vizconde! Ten el freno
áureo de tu caballo jerezano,
y al pie del Guadalete, ya sereno
presta tu oído a un ruiseñor cristiano.
¡Detente, gran vizconde, frena y mira
cómo el viento en tu honor se vuelve lira!

Licencia tú mi canto, caballero,
buen caballero, flor de Andalucía;
y tu alma para un himno verdadero

dé al alma de mi voz el alma mía.
Que ella alcance por ti, luz duradera.
¡Oh gran rey de Jerez de la Frontera!

Y después de doscientos cuatro versos más de frenesí cobista, el extraordinario Rafael termina su encargo de esta guisa:

Y adiós, vizconde-rey, que en la alta rama
de tu reinado, a la pura rosa
siempre avive de amor la tierna llama
de tu hermano, tus hijos y tu esposa.
Que tu estrella no apague el aire y siga
su órbita intacta que «Domecq Obliga».

Ya iremos hasta el gran poeta, en su auténtica y divertidísima vertiente satírica.

VI

DE LA MILICIA AL AMOR

Paso atrás al epigrama, al rico huerto del XIX. Ya hemos dado ejemplos de la hipocresía ante el sexo, del anticlericalismo, de la aversión a la ciencia, del cachondeo contra la nobleza. También el antimilitarismo, en tiempos de Pavías, asonadas, ruidos de sables y toques de cornetín. Jacinto Labayle escribe un epitafio epigramático sobre la tumba de un general.

Aquí yace un general
que nunca se sublevó.
Es decir, que es general
pero muy poco español.

La influencia de los militares era tanta, y tanto su poder en la sociedad, que hasta los desvergonzados poetas satíricos se la envainaban —término muy castrense— cuando de ellos se trataba.

Las ejecuciones no entran entre las novedades sorprendentes. De autor anónimo es la cuarteta siguiente, irónica, mordaz y macabra.

Yo prometo fusilaros
tan sutil y tan ligero

que parezca que las balas
las ha disparado un beso.

El asunto militar es casi tabú para los poetas. Muy posterior, y del *Diccionario secreto* del Nobel Cela, es la composición en pareados que sigue. Procaz y muy de cuartel. Más de cantina de la soldadesca que de bar en la residencia de oficiales.

Un teniente de la escala de reserva
con la polla abría latas de conserva;
y un sargento de un tabor de Regulares
con la picha hacía juegos malabares.
El capitán de la misma compañía
por más que lo intentaba, no podía.
Moraleja: en cuestiones de cojones
la milicia no admite graduaciones.

Los versos son también instrumentos en pos del amor. Los poetas creen que una décima, un soneto o una simple cuarteta rompen la resistencia femenina. Y algunos son ingenuamente descarados. Pedro de Brunet, un malísimo ripiador del XIX, alcanza la gloria y las calabazas con esta cosa:

El sol le gusta a las flores
como al mar place la playa,
y a mí me gusta Dolores
Ruiz de Gárate y Zozaya.

Mucho más sutil Miguel Ramos Carrión, que se atreve con el soneto. Un cachondo mental don Miguel, que bien mereció alcanzar su aurora.

Los animales son madrugadores
—sencilla observación que hace cualquiera—.

Gocen ellos del sol la luz primera
y del alba, los pálidos fulgores.

Despiértense los pájaros cantores
hijos de la florida primavera,
y vayan muy temprano a la pradera
labriegos, y gañanes, y pastores.

El hombre culto, no; siempre a tal hora
dormido ocupe el lecho todavía
disfrutando molicie seductora.

Yo sólo con placer madrugaría
por gozar los encantos de una aurora...
que es Aurora González y García.

Si ante esta bellísima y devastadora declaración de amor doña Aurora González y García no reaccionó como don Miguel Ramos Carrión merecía, declaro públicamente mi satisfacción por no llevar los apellidos González ni García.

Amor y dinero. Y estos poetas tan impertinentes. De un tal Peñaflor:

¿En coche va Marcelina?
O es cochera, o es cochina.

Y Celestino Frías, fiel a su nombre de pila, haciendo de Celestina con una Irene que le salió rana.

Recomendé un novio a Irene
diciéndola con cariño:
—Tiene las cosas de un niño.
—Entonces... no me conviene.

Serra Cubels no puede considerarse, después de escribir este epigrama, como parte del romanticismo. Todos hemos leído composiciones más sagaces y caritativas.

Eres bella, mi bien; eres hermosa.
Nadie al verte la faz lo pone en duda,
y aun tienes una cosa
que te hace más perfecta y más preciosa
a los ojos de todos. ¡Que eres muda!

Consigue Juan Cilla casarse con la bella Pura. La boda tuvo lugar en Sevilla, para que rimara la cuarteta. Y ella se apellidaba Mier para que el juego de palabras encajara. Un bandido, este Manuel Millás.

Ayer se casó en Sevilla
Juan Cilla con Pura Mier,
y hoy es de Juan la mujer
doña Pura Mier de Cilla.

Tocan a su fin los epigramas del XIX, salteados y confusos. Uno anónimo, muy probablemente de un matemático, por lo bien que suma.

El puente tiene tres ojos,
yo tengo dos solamente,
pero si cuento el del culo
tengo los mismos que el puente.

Recogido por Mingote del *Madrid Cómico* y que se escribe en homenaje a un gran parlamentario, como los de hoy en día.

Aquí yace un diputado
que de emoción se murió,
porque al ser interpelado

se vio el pobre precisado
a contestar «sí» o «no».

Del estupendo Juan Pérez Zúñiga, que merecerá honores en páginas siguientes, a un nuevo miembro de la Real Academia Española. Parece escrito en el mes de enero de 1997, sin ánimo de señalar a nadie.

Académico han nombrado
de la Lengua a don Pascual,
cosa que le ha disgustado
porque grita muy enfadado,
¡Caramba! ¿Escribo tan mal?

Porque don Pascual, al menos, se disgustó.

Fernández Bremón escribe una bobada que un siglo después permanece, lo que demuestra que las bobadas con gracia y sin sentido no lo son tanto.

En China, un mandarín
usaba en el sobaco peluquín.
Y en Italia un *fanciullo*
tocaba el clarinete con el culo.
¡Ay, cuántos desatinos
hacen los italianos y los chinos!

Y tres más, para cerrar el género brevísimo del siglo epigramático por excelencia. Los tres, con una cierta carga filosófica y moralista. De Manuel del Palacio, sobre la vida.

Quien a los quince no tuvo
un amigo verdadero,
ni a los veinte una pasión,
ni a los treinta un usurero,
ni a los cuarenta poder,

ni a los cincuenta dinero,
o ha sido muy haragán,
o ha sido un majadero.

Martínez Villergas de la coherencia y rectitud en los ideales políticos.

Suele decir Pepe Arana:
—En política idolatro
la forma republicana
porque dos y dos... son cuatro—.
Denle un sueldo, y a fe mía
jurará que, con ahínco,
defiende la Monarquía
porque tres y dos... son cinco.

Y una advertencia anónima, sobre el proceder femenino, también recordado por Cela.

Mujer que al andar culea,
y al mirar los ojos mece,
yo no digo que lo sea,
pero sí que lo parece.

Según Cela, en sus *Memorias, entendimientos y voluntades*, el autor de esta cuarteta es don Tadeo Valdescorriel, director espiritual de su tía doña Andrea Berruelo, viuda de Cocigas, droguera de Sarracín de Aliste y codueña de la empresa funeraria El Ciclo de Carbono, S. L. Según el grandísimo cachondo de don Camilo, don Tadeo Valdescorriel escribió el epigrama inspirándose en la portuguesa «Esperançinha la Expernexada», que no se sabe a ciencia cierta quién era. Lo que sí se sabe es que en el *Memorial satírico* (Madrid 1889, Imprenta de doña Dolores Turba) aparece una quintilla más o menos cercana a la cuarteta en cuestión.

Dama que el culo al andar
lleva y viene sin cesar
y que al mirar se estremece,
puta no se ha de llamar
pero sí puta parece.

VII

DE PÉREZ ZÚÑIGA A LA ESCOPETA DE ALFONSO XII

Juan Pérez Zúñiga, extraordinario y fecundísimo en prosa y verso. Una joya de escritor. Admirado por Taboada, por Sinesio Delgado, por Vital Aza, y lo que es más meritorio, por el propio Clarín. Más de treinta libros, veinte obras teatrales, aventuras, viajes imposibles, imaginaciones excelsas. Un tipo este Pérez Zúñiga. A él y a Clarín les arrea la crítica de un tal Barrantes que escribe en *España Moderna*. Pérez Zúñiga se lo toma a pitorreo, pero Clarín le responde en el *Madrid Cómico*.

El señor Barrantes es tonto. Eso ante todo.
El señor Barrantes es un ignorante. Eso después.
El señor Barrantes es un adulador. Eso siempre.
El señor Barrantes no sabe escribir con gramática
y es un poetastro detestable.
Y cuando el señor Barrantes quiera otra,
que vuelva por ella.

Porque Clarín no se andaba con chiquitas. Barrantes, no volvió por otra, como le invitaba Clarín, pero sí amagó un golpe, eso sí, con los cataplines de corbata.

Me paso los insultos de Clarín
por el culo, que en fino, es traspuntín.

Juan Pérez Zúñiga es un privilegio del buen gusto dentro de la poesía festiva y bienhumorada. Domina la métrica y se divierte escribiendo. El lector lo siente y comparte la diversión. Juan Pérez Zúñiga, hombre de buen carácter y muchos amigos prefiere la sonrisa a la cara de asco, y juega. Juega porque, en el fondo, es un niño que no oculta su realidad. Y juega con las palabras y los nombres, magistralmente, como un niño adelantado.

Te voy, lector, a probar
que nuestro idioma excelente
se presta a juguetear
con los nombres de la gente.

Patro anoche fue al teatro,
y también fue Salvador,
y éste allí le habló a su patro...
a su patrocinador.
Lola dijo a Luis Urquiola:
—Sigo con mi enfermedad,
y él le dijo entonces: —Lo la...
lo lamento de verdad.
La mujer de Enrique Ubrique
da sablazos por ahí,
y si pide es para enrique...
para enriquecerse así.
El marido de Inés, es
poco digno de amistad,
y lo achacan a su ines...
a su inestabilidad.
Una castañuela basta,
de la Casta, se perdió,
y tendré que ir por la casta...

por la castañuela yo.
Sinfo me tocó en Ardinfo*
un preludio musical,
¡nunca conocí una sinfo...
una sinfonía igual!
De la Celes fue Rendueles
novio hasta su defunción,
y al fin se coló en la celes...
en la celestial mansión.
Paula preguntóle a Caula:
—¿Cómo se hizo rico «usté»?
y le dijo Caula: —Paula...
paulatinamente fue.
Le dio a Paca una butaca
para un cine su Colás,
y le dijo: —En cambio, Pa ca...
pa café tú me darás.

Ya ves como no a dudar,
nuestro lenguaje excelente
se presta a juguetear
con los nombres de la gente.

También feliz epigramista.

Mire usted si es pollino
el yerno de Felipa
(electo diputado por chiripa),
que en la carta que escribe a don Gabino
da cuenta el mentecato,
de que ha muerto su padre *ab intestino*,
en lugar de decir *ab intestato*.

* Ardinfo: pueblo importante de la Kamelonia.
Kamelonia: nación importante inventada por Juan Pérez Zúñiga con pueblos importantes como Ardinfo. *(N. del A.)*

Maravilla del amor separado por la reja. La madre no tiene paciencia.

—Niña, no más reja; date ya al reposo.
—Madre, es que mi Pepe, que por mí es dichoso, sigue aún en la calle sin temer la escarcha. ¿No ves qué gallardo? ¿No ves qué marchoso?
—Hija, muy marchoso... pero no se marcha.

Busca nuevas fórmulas, y describe el entierro de Isabel II en versos escritos con el ahorro de los telegramas. *Telegrama de El Escorial.*

Mañana fría y lluviosa.
Agólpase gente andén.
Comitiva real vistosa
espera llegada tren.
Llega tren. Público bufa
porque llueve. Clero reza.
Colocan féretro estufa.
Cortejo subir empieza.
Recorre con lentitud
jardines. Grandioso efecto.
Observo que hay multitud
de lilas en el trayecto.
Llegada al Real Monasterio.
Gran responso. Gran vigilia.
(¡No cantarán tan en serio
por nadie de mi familia!)
Miro (porque hay que ilustrarse),
tanto rey como allí duerme...
Y no se digna asomarse
Felipe II a verme.
Sobre tanta piedra lisa
hay enjambre forasteros,

y en Lonja, acabada Misa,
chubasco y carabineros.
Entierro finiquitado.
Marcha elemento oficial.
Vestíbulo, aire colado.
Alumnos, aire marcial.
Apuesto cosa cualquiera
a que tanta gente junta
ni un Padrenuestro siquiera
rezó a la reina difunta.
Vuelven ánimo apenado
más de tres de campanillas
a causa de haber pasado
por agua sus pantorrillas.
Regresa Madrid la gente.
Acabo telegrafiar...
Y húmedo completamente
retírome a descansar.

El rey Alfonso XII recibe todas las simpatías que le faltaron a su señora madre, la reina Isabel. Un pareado malvado suena por Madrid.

No parece el Rey hijo de su madre
y bastante menos hijo de su padre.

Alfonso XII es el rey romántico, el rey bravo, el rey querido. Popular y simpático, todo se le perdona. El gran político de la Restauración, Francisco Silvela, escritor divertidísimo y agudo, coautor de un tratado contra cursis titulado *La Filocalia*, es su maestro en donaires. Y el marqués de Alcañices, su discreto alcahuete.

Su Majestad el Rey, junto a Alcañices
a El Pardo fue a cazar unas perdices.
Ni en ojeo, en reclamo ni en aguardo

volaron las perdices en El Pardo.
Ni una perdiz al Rey le había volado,
y en cambio el Rey había disparado.
—Señor —dijo el marqués—; mucho me
[inquieta
que se haya disparado su escopeta.
Y el Rey le respondió al marqués perplejo:
—No era perdiz, marqués; era un conejo.

Pablo de Valoria, un poeta de poca monta y peor estribo, natural de Valoria de los Infantes y de verdadero nombre Pablo Mínguez, ripioso y agrio, no le perdona al Rey su encanto con las mujeres.

Ha enviudado, ha llorado, está muy triste...
pero ve a una mozuela y se la embiste.

Se cuenta, y no está demostrado, que en su lecho de muerte, Alfonso XII, joven y apuesto en la antesala de los cadáveres, con su segunda mujer encinta, María Cristina de Habsburgo Lorena, a la que dejaba viuda y sola en una España endemoniada, le recomendó:

—Cristinita; ya lo sabes. Guárdate el coño, y
de Cánovas a Sagasta y de Sagasta a Cánovas.

El moribundo rey ignoraba que aquella «Cristinita» sería la más admirada reina de la historia de España, austríaca y seca, viuda magnífica y ejemplo de ponderación, sabiduría y sentido común.

Camprodón es el autor del libreto de *Marina*. Un coñazo, Camprodón. Años después, durante el franquismo, *Marina* se representó con frecuencia porque a Franco le emocionaba. Dicen que fue recibido en audiencia el director del Teatro de La Zarzuela para informarle de la temporada de ópera en Madrid:

«Excelencia, para este año hemos hecho un gran esfuerzo, y además del *Trovador* de Verdi hemos programado *Tanhausser* de Wagner.» «Puez a mí la que me guzta ez *Marina.*» Y se incluyó *Marina*, claro.

Camprodón es autor de la cuarteta ripiosa escrita en serio más divertida. En el escenario, una estatua de la diosa Minerva. Aparece el protagonista, y dice:

¡Oh bella diosa Minerva!
¡Qué hermoso paraje aqueste!
¡Y cómo crece la hierba
con este viento sudeste!

Camprodón dedica una comedia a una marquesa muy conocida en los círculos literarios. Se la tiraban todos, para resumir. Después de Camprodón, la marquesa transcurre por los amores de Narciso Serra, un poeta fácil y agudo, nada que ver con la desdicha política que vendría después con el mismo nombre y apellido. Narciso Serra lee la comedia de Camprodón y adopta una decisión por unanimidad. La comedia es una mala copia de un vodevil francés y muchos versos han sido fusilados de una obra del propio Narciso Serra. La dedicatoria de Camprodón a la abierta marquesa fue ésta:

Como prueba de mi afecto
y sincera admiración,
le dedica esta comedia
su devoto Camprodón.

Y Narciso Serra, añadió debajo de la dedicatoria:

Si los versos míos son,
y la comedia es francesa
¿qué dedica Camprodón
a la señora marquesa?

Tomás Luceño, ingenioso, sainetero, simpático. En cierta ocasión los empresarios teatrales rechazaron una de sus comedias. Para festejar su éxito, Luceño invitó a sus compañeros de tertulia, que eran al tiempo sus peores enemigos, a un banquete. Les invitó en verso, y ninguno faltó a la cita, porque en aquellos tiempos a más de uno le sobraban versos y le faltaban calorías.

Salvador Granés, el serio;
José Selgas, el bilioso;
Pepe Rodao, el ceñudo;
Pérez Zúñiga, el jocoso.
Carlos Frontaura, el tranquilo;
Carlos Cano, el amargado;
Blasco, el que lo sabe todo;
Yrayzoz, el atildado.
Palomero, el poetastro;
Félix Méndez, el chancero;
Luis de Tapia, el mal ripioso;
Y Lustonó, el justiciero.

Y así, con el serio, el bilioso, el ceñudo, el jocoso, el tranquilo, el amargado, el sabiondo, el atildado, el poetastro, el chancero, el mal ripioso y el justiciero, celebró Luceño su gran fracaso.

VIII

LOS CACHONDOS ANTIRROMÁNTICOS

Reinado de Alfonso XIII. Joaquín Abati es uno de los autores pertenecientes a la «Generación Simpática del 98». La de Arniches y Antonio Paso, sus amigos y colaboradores. La de Pedro Muñoz Seca y Enrique García Álvarez.

> Confieso con harto afán
> y sentimiento profundo,
> que soy lo más holgazán
> que Dios ha puesto en el mundo.

Abati, ilustre abogado que nunca ejerció —muy español ello—, es un ingeniosísimo autor, popular y seguido en su época, que estrenó más de setenta comedias. Su obra menor, si se la puede llamar así, tiene un nombre: *El conde Sisebuto*, una deliciosa composición poética que caricaturiza los romances históricos con la pomposidad exacerbada del romanticismo. En distancia corta, *El conde Sisebuto* puede ser el prólogo bienhumorado de *La venganza de don Mendo*, la inigualable comedia de Pedro Muñoz Seca, estrenada veinte años después, porque *El conde Sisebuto* es un último polvete del ingenio del XIX, que se escribe, precisamente en 1898.

Como es habitual, la cosa va de amores escondidos, de honores mancillados, de intolerancias paternas y desenlaces sangrientos. Los dramas románticos son como los argumentos de las óperas. Hay quien ha dicho, y ha dicho bien, que la ópera —sea cual fuere— es una representación orquestada y cantada donde el tenor quiere acostarse con la soprano y el barítono nunca les deja. Así es. Abati, Muñoz Seca, y posteriormente Jardiel Poncela y Jorge Llopis, se ríen a borbotones de la mema solemnidad romántica —Echegaray, Marquina—, y al amparo del verso y al cobijo del ripio eficaz, explotan su ingenio para compartir su cachondeo con la humanidad.

Y ahí está también el asturiano Luis Fernández Valdés, más conocido por «Ludi», autor de una desternillante composición en italiano macarrónico, *Le castelo sangrienti*, también enmarcada en la delicia de su tiempo.

Como *El conde Sisebuto*, como *La venganza de Don Mendo*, como la más joven *Angelina y el honor de un brigadier*, *El castelo sangrienti* es una variación dentro de un orden —cachondísimo desorden—, de lo de siempre. El castillo o el hogar paterno, el amor oculto, la hija virtuosa que no lo es tanto, el amante galán, el drama.

Magdalena le arroja la escala a don Mendo a espaldas del conde don Nuño, su padre. Pepa se la facilita a Lisardo mientras duerme su progenitor, el conde Sisebuto. Angelina no necesita de escalas para ser seducida, a petición propia, por Germán, que a su vez se ventila a su madre, doña Marcela, ante la ignorancia del pobre brigadier don Marcial. Y el barón de *Chente Mata* de «Ludi», dueño de *El castelo Sangrienti* también ignora lo fresca que es su hija, hasta que descubre el tomate. La escala es el engaño, la mentira, la audacia para superar lo prohibido. En los romances históricos, en las epopeyas románticas y en sus parodias, el argumento se une a la vulgaridad literaria de la ópera. La doncella amante y seducida —la soprano—, ama enloquecidamente al galán seductor —el tenor—, y cuando todo va de perlas, aparece el padre o el novio formal —barítono o bajo—, y terminan con el plan, siempre con el absurdo recurso del honor mancillado, la venganza familiar y la muerte.

El conde Sisebuto de Joaquín Abati es entendido por poco más de ciento cincuenta octosílabos en rima consonante, y se convirtió en la joya de la literatura de salón.

A cuatro leguas de Pinto
y a treinta de Marmolejo,
existe un castillo viejo
que edificó Chindasvinto.

Perteneció a un gran señor
algo feudal y algo bruto;
se llamaba Sisebuto,
y su esposa, Leonor,

y Cunegunda, su hermana,
y su madre, Berenguela,
y una prima de su abuela
atendía por Mariana.

Y su cuñado, Vitelio,
y Cleopatra, su tía,
y su nieta, Rosalía,
y el hijo mayor, Rogelio.

Era una noche de invierno,
noche cruda y tenebrosa,
noche sombría, espantosa,
noche atroz, noche de infierno,

noche fría, noche helada,
noche triste, noche oscura,
noche llena de amargura,
noche infausta, noche airada.

En un gótico salón
dormitaba Sisebuto,
y un lebrel seco y enjuto
roncaba en el portalón.

Con quejido lastimero
el viento fuera silbaba,
e imponente se escuchaba
el ruido del aguacero.

Cabalgando en un corcel
de color verde botella,
raudo como una centella
llega al castillo un doncel.

Empapada trae la ropa
por efecto de las aguas,
¡como no lleva paraguas
viene el pobre hecho una sopa!

Salta el foso, llega al muro,
la poterna está cerrada.
—¡Me ha dado mico mi amada!
—exclama—. ¡Vaya un apuro!

De pronto, algo que resbala
siente sobre su cabeza,
extiende el brazo, y tropieza
¡con la cuerda de una escala!

—¡Ah!... —dice con fiero acento.
—¡Ah!... —vuelve a decir gozoso.
—¡Ah!... —repite venturoso.
—¡Ah!... —otra vez, y así, hasta ciento.

Trepa que trepa que trepa,
sube que sube que sube,
en brazos cae de un querube,
la hija del conde, la Pepa.

En lujoso camarín
introduce a su adorado,
y al notar que está mojado
le seca bien con serrín.

—Lisardo..., mi bien, mi anhelo,
único ser que yo adoro,
el de los cabellos de oro,
el de la nariz de cielo,

¿qué sientes, di, dueño mío?,
¿no sientes nada a mi lado?,
¿qué sientes, Lisardo amado?
Y él responde: —Siento frío.

—¿Frío has dicho?...... Eso me espanta.
¿Frío has dicho?...... eso me inquieta.
No llevarás camiseta
¿verdad?... pues toma esa manta.

—Ahora hablemos del cariño
que nuestras almas disloca.
Yo te amo como una loca.
—Yo te adoro como un niño.

—Mi pasión raya en locura,
si no me quieres, me mato.
—La mía es un arrebato,
si me olvidas, me hago cura.

—¿Cura tú?... ¡Por Dios bendito!
No repitas esas frases,
¡en jamás de los jamases!
¡Pues estaría bonito!

Hija soy de Sisebuto
desde mi más tierna infancia,
y aunque es mucha mi arrogancia,
y aunque es un padre muy bruto,

y aunque temo sus furores,
y aunque sé a lo que me expongo,
huyamos... vamos al Congo
a ocultar nuestros amores.

—Bien dicho, bien has hablado,
huyamos aunque se enojen,
y si algún día nos cojen,
¡que nos quiten lo bailado!

En esto, un ronco ladrido
retumba potente y fiero.
—¿Oyes? —dice el caballero—,
es el perro que me ha olido.

Se abre una puerta excusada
y, cual terrible huracán,
entra un hombre..., luego un can...,
luego nadie..., luego nada...

—¡Hija infame! —ruge el conde.
¿Qué haces con este señor?
¿Dónde has dejado mi honor?
¿Dónde?, ¿dónde?, ¿dónde?, ¿dónde?

Y tú, cobarde villano,
antipático, repara
cómo señalo tu cara
con los dedos de mi mano.

Después, sacando un puñal,
de un solo golpe certero
le enterró el cortante acero
junto a la espina dorsal.

El joven, naturalmente,
se murió como un conejo.
Ella frunció el entrecejo
y enloqueció de repente.

También quedó el conde loco
de resultas del espanto,
y el perro... no llegó a tanto,
pero le faltó muy poco.

Desde aquel día de horror
nada se volvió a saber
del conde, de su mujer,
la llamada Leonor,

de Cunegunda su hermana,
de su madre Berenguela,
de la prima de su abuela
que atendía por Mariana,

de su cuñado Vitelio,
de Cleopatra su tía,

de su nieta Rosalía
ni de su chico Rogelio.

Y aquí acaba la leyenda
verídica, interesante,
romántica, fulminante,
estremecedora, horrenda,

que de aquel castillo viejo
entenebrece el recinto,
a cuatro leguas de Pinto
y a treinta de Marmolejo.

En junio de 1926, tres militares españoles, los aviadores Gallarza, Loriga y Estévez, cumplen la hazaña de volar, en un artefacto de la época, desde Madrid a Manila. El fundador de *ABC*, Torcuato Luca de Tena —en la casa y en la profesión don Torcuato—, edita un libro-homenaje que encabeza un texto del Rey y en el que colaboran los ilustres de su tiempo, de la literatura, la pintura, la milicia, la política, la Iglesia, las artes plásticas y la música. En sus páginas hay dos testimonios especialmente divertidos. El de Enrique García Álvarez y el de Joaquín Abati. Escribía García Álvarez:

Madrid-Manila. No hay quién
no de mil atronadoras
voces de ¡Bien, retebién!
incluyendo las señoras.
¡Jesús qué *raid*! ¡San Senén!
Pero el éxito fetén
y el que tendrá admiradoras
y admiradores también,
será del que haga muy bien
ese *raid* en cuatro horas
del puntapié que le den.

Lo de Abati es mejor y más reconfortante.

El *raid* Madrid Filipinas
es de una gran sencillez.
Se toma un buen aeroplano,
se asciende con rapidez,
y ya bien puesto en franquicia
con maniobra correcta,
se dirige uno volando
a Manila en línea recta.
Se cruza el África, el Asia,
se cruza el mar Amarillo,
y en Manila se desciende,
¿cabe nada más sencillo?
El *raid* puede realizarlo
todo el que tenga un avión,
y gasolina, y aceite,
y además un corazón
tan grande como el de Estévez,
el de Loriga y Gallarza,
en los que la sangre fría
con la bravura se engarza.
Ahora, que a mí esa bravura
me dan, y esa sangre fría,
y un avión, y cien mil duros...
¡Y no iría!

Luis Martínez Valdés, «Ludi», asturiano, tío-bisabuelo de Francisco Álvarez Cascos —a él le debo su libro de poemas *Un kilo de versos*—, cachondo cimero, autor de *El castelo sangrienti*, cadena de quintillas en italiano macarrónico con desenlace previsto, que conforman un cuento rimado insuperable. Lo de siempre, la niña, el amante, el padre y la hecatombe:

Trachedia desarrollata
en el ruinosi castelo
del barón de Chente Mata.
¡Si no é cherta e veritata
que m'arranquen un capelo!

Tras morisca ventaneta,
con le semblante contenti,
a primorosa Julieta
murmura una cansoneta
que marcha en alas del vienti.

Es sua voche melodiosa
cual la campane de Huesca;
es chentile, candorosa,
e más fresca qui una rosa,
¡quichás, demasiato fresca!

Digo fresca, y es verdate,
perque lichera de rope,
é a la fenestra asomate,
y está pelando patate
con un sabli de la trope.

A bordo d'una barqueta
llega un mancebi eleganti,
vestidato de etiqueta,
con gorra de *sportman*, guanti,
e gabani con faldeta.

Fumando brevas a pasti
fragua algún plane siniestri,
perque a la paloma casti
le hace con el ojo diestri
la seña del as de basti.

La joven, enamorata
le arroja una escalinata
fabricata con cordeli,
e per ella le donceli
como un felini, esguilata.

Le patre, qu'era un Nerone,
observó l'operachone
desde un huerti exuberanti,
donde tene plantachone
de pementone picanti.

Aparte del pementone,
cultivaba: le melone,
le fabi, la remolachi,
la chufi, le macarrone
e le turrón de Guirlachi.

Presto le gran cabalieri,
de su honore se ricorda,
e trepando per la corda,
sube a le piso primeri
llevando una estaqui gorda.

Le burlato personache
da uno grito de corache
al ver que sua filla vile
está con furia salvache
abrazando a un zascandile.

Altamente incomodati,
les apunta sin pietati
con una vieja escopeti,
per profanare el respeti
de un lugare tan sacrati.

Sona una detonachone,
e una descarga chertera
atraviesa le pulmone
del galán e la pendone.
¡Fue una morte de primera!

Furiosi, desesperati,
y con el juicio incompleti,
les tritura el esqueleti,
poniendo al uno en tomati,
y al otro a la vinagreti.

Abre luego le balcone,
y se tiri en direchone
vertical sobre un peñasqui,
quedando allí le barone
como un centolli sin casqui.

Tutos los astros del chelo
se tiñeron d'escarlata;
desde entonces, no es camelo,
non s'abrió más le castelo
del barón de Chente Mata.

Mariano de Cavia, genial y cumbre, más feo que Picio, su nombre adorna hoy el premio de periodismo literario más prestigioso de España, el Mariano de Cavia que concede anualmente, junto al Luca de Tena y el Mingote, Prensa Española, editora del diario *ABC*. Por los años veinte, y sin salir del ámbito de los escritores, corre de boca en boca un soneto acróstico dedicado al fenomenal periodista.

Más bien feo que guapo, algo vulgar.
Aficionado a toros, bonachón,
Raro de genio, a veces muy zumbón,

Intransigente en cuanto al bien hablar.
Al juzgar los estrenos, prodigar
No suele los elogios, con razón,
Obedeciendo así su condición
De que es poco lo digno de alabar.
Escribe con estilo y fluidez
Captándose enemigos a la vez
si bien ello no ser cosa que asombre.
Vive ajeno a cenáculos y gajes
Irrítale lo malo, y sin ambajes
A las cosas las llama por su nombre.

Acróstico elogioso y chapucero, porque falla en el último endecasílabo del primer terceto. De arriba abajo, por las primeras letras de cada verso se lee MARIANO DE CAVIA con la salvedad de ese nudo no desatado en el primer terceto.

Mariano de Cavia responde con otro acróstico, una octava también chufla y chapucera desvelando la identidad del autor del soneto anterior, Carlos Arniches, que en el acróstico le sale ARNYCHES.

A mis manos ha llegado
Recién publicado un verso,
No malo, algo más, perverso,
Y en él me vi retratado.
Como me elogia, el rubor
Háceme ser generoso.
En acróstico ripioso
Saludo al ignoto autor.

A los periodistas de deportes se les llamaba todavía de *sport*. Había uno, llamado Luis Zozaya, alto, fuerte y relamido, y con los ojos más saltones que un sapo partero.

Pero a Cavia, el *sportman* le caía fatal. El día que al

fin fueron presentados, don Mariano, de muy mala leche, le espetó.

¿Con que éste es don Luis Zozaya
el de los ojos saltones?
Que me toque los cojones...
y se vaya.

IX

DE MUÑOZ SECA A FOXÁ

Pedro Muñoz Seca. Dramaturgo, autor de *La venganza de don Mendo*, la más grande comedia versificada del teatro español. También poeta «enigmático, epigramático y ático, y gramático y simbólico». Nace en el Puerto de Santa María, estudia en Sevilla, triunfa y vive en Madrid y veranea en San Sebastián, ciudad a la que amó apasionadamente. Así la describe:

San Sebastián, población
bella y culta como Atenas.
Escuchad su descripción:
Un castillo, un torreón,
tres o cuatro calles buenas,
dos mil casas de pensión
y diez mil Machimbarrenas.

Quiere comprarse una villa en Ondarreta. Se llama *Choko Maitea*, pero no le gusta el nombre. Conoce la casa de los Padilla *Toki Eder* —Villa Hermosa—, y de los Barcáiztegui *Toki Ona* —Casa Buena—. Él quiere bautizar a su casa «Toki el timbre». No pudo cumplir sus ilusiones.

Muñoz Seca escribe a su madre todos los días. Lo hace desde que salió del Puerto a buscar fortuna y hasta que fue detenido por «conspiración contra la República» en julio de 1936. A falta de noticias, cuenta a su madre cosas como éstas:

Dice Alberto Gurrea,
que no hay río mejor que el Urumea;
en cambio, para Pachi Zuberoa,
no hay un río mejor que el Bidasoa.
En cuestiones de ríos y de rías
dice la gente muchas tonterías.

Con muy pocos días de diferencia, mueren los porteros de su casa madrileña, en la calle de Velázquez número 57. Una venerable pareja, querida y respetada por todos los vecinos del inmueble. Fueron enterrados juntos, como vivieron durante más de cuarenta años, y uno de sus hijos le pidió a Muñoz Seca que le escribiera un epitafio para grabarlo en el sepulcro. Y don Pedro cumplió el encargo.

Fue tan grande su bondad,
tal su laboriosidad
y la virtud de los dos,
que están con seguridad
en el Cielo, junto a Dios.

Pero el obispo de la diócesis —Madrid—, a cuyo conocimiento y aprobación había que someter el texto de los epitafios y leyendas de los camposantos, rechazó enérgicamente su contenido con el argumento de que Muñoz Seca no era nadie para asegurar que los porteros estaban en el Cielo, y junto a Dios. No tardó don Pedro en escribir un segundo modelo:

Fueron muy juntos los dos,
el uno del otro en pos

donde va siempre el que muere...
Pero no están junto a Dios,
porque el Obispo no quiere.

Indignación episcopal ante el segundo texto. Algo más conciliador que en los primeros momentos de excitación, el obispo escribe una nota manuscrita que le envía por recado urgente a don Pedro, y que entre otras cuchufletas, dice: «Ni yo, ni ningún otro representante de la Santa Iglesia, intervenimos para nada en el destino de los difuntos, por tratarse de un misterio inescrutable que ni usted, a pesar de su buena voluntad, ni nosotros estamos capacitados para aclarar.»

Y Muñoz Seca envía al Obispado el tercer epitafio.

Flotando sus almas van
por el éter, débilmente,
sin saber qué es lo que harán,
porque desgraciadamente
ni Dios sabe dónde están.

Se le atribuyen a Muñoz Seca unos versos ramplones e insultantes contra la República. No son suyos. Su queja epigramática al advenimiento de la República, la caída de la Monarquía y el cambio de los símbolos, es mucho más ingenua y sonriente.

Yo soy un hombre sencillo
al que no gusta el morado,
al lado del amarillo,
debajo del colorado.

Se casa don Juan de Borbón en Roma. Miles de monárquicos españoles acuden a la boda. Después de la ceremonia, son recibidos en audiencia por el papa Pío XI. La audiencia es un fiasco. En un patio hacinan a los asistentes y tras una larga espera, se abre una ventana, surge la mano fugaz y regordeta de Su Santidad, son bendecidos, e inmediatamente después, mandados a paseo. Muñoz Seca se lo cuenta a su madre en una postal.

Vengo de tierras de Dios
tan humilde y tan cristiano,
que en mi casa, el «Wáter clos»
se llama ya el «Waticano».

Serafín y Joaquín Álvarez Quintero, cursilones y magníficos, también se estiran en algún epigrama. La falsa caridad hiere sus sensibilidades. Un tal Juan de Robles, millonario de por allí, después de una vida poco escrupulosa con los dineros ajenos, ya cerca del temido Juicio Final, decide reparar sus frescuras fundando un hospital en Sevilla para menesterosos.

El señor don Juan de Robles
de caridad sin igual,
fundó este santo hospital...
pero antes hizo a los pobres.

Un pequeño salto atrás. Durante el reinado de Alfonso XIII se le concede el premio Nobel de Literatura a José de Echegaray. De Ramón María del Valle Inclán son estos versos justísimos, contra Echegaray y un tal Urrecha que le complace.

En Bombay, dicen que hay
terrible peste bubónica.
Y aquí Urrecha hace la crónica
de un drama de Echegaray.
¡Están mejor en Bombay!

Recientemente, el poeta José Antonio Medrano lo ha arreglado para describir un episodio muy comentado en el mundillo cultural...

En Ceilán, dicen que están
con una grave epidemia.
Y aquí, la Real Academia
le da un sillón a Cebrián.
¡Mejor están en Ceilán!

Luis de Tapia y José Antonio Balbontín. Ambos republicanos a ultranza. El primero, un ingenioso burgués del Madrid acomodado, amigo de Pérez de Ayala, conocido de tertulias de Galdós, ya comentado anteriormente. Balbontín, un político tan zafio como poeta, o poeta tan zafio como político. Pero tiene un acierto, que es su soneto acróstico a Miguel Primo de Rivera, marqués de Estella, el dictador, que publica con el candoroso seudónimo de María Luz de Valdecilla. El acróstico, ya se sabe. Léanse de arriba abajo las iniciales de cada verso.

Paladín de la Patria redimida,
Recio soldado, que pelea y canta,
Ira de Dios, que cuando azota, es santa.
Místico rayo, que al matar, es vida.
Otra es España, a tu virtud rendida;
Ella es feliz, bajo tu noble planta.
Sólo el hampón, que en odio se amamanta
Blasfema ante tu frente esclarecida.
Otro es el mundo ante la España nueva,
Rencores viejos de la edad medieva,
Rompió tu lanza, que a los viles, trunca.
Ahora está en paz tu grey, bajo el amado
Chorro de luz de tu inmortal cayado.
¡Oh, pastor santo, no nos dejes nunca!

Léanse de arriba abajo las iniciales de los primeros versos y se enterarán: PRIMO ES BORRACHO. Pero no es Primo de Rivera el personaje más vituperado por Tapia y Balbontín. Ahí está el conde de Romanones, sagaz y cojo, a quien se le atribuyen manejos extraños y prevaricaciones varias para apoderarse de tierras hipotecadas durante sus años de influencia. Inteligente y rápido, hombre culto, provocador y divertido. Quiere ingresar en la Real Academia Española y todos sus miembros le prometen el voto. El día de la votación, seguro de su gloria, envía a su secretario a la sede de Felipe IV para ser informado inmediatamente. El secretario llega al despacho y le informa de lo acontecido. «No ha sido elegido, señor conde.» «¿Cuántos votos he tenido?» «Ninguno, señor conde.» «¡Jodida tropa!»

Le escribió Luis de Tapia:

Trece damas muy cristianas
que al conde ven condenado
rezan todas las mañanas
por él, con fervor sagrado.
Y hacerle piensan, las trece,
una novena este mes,
para que Dios enderece
sus pasos... ¡difícil es!

Balbontín era más inmisericorde:

Cojo de mala cojera,
cojo del cuerpo y del alma,
profesor en zancadillas,
técnico de la emboscada.
Capitán indiscutible
de la cuadrilla monárquica,
¿por qué quieres que padezca
tu misma cojera España?

Liberal de pacotilla
que ama al Rey más que a la Patria,
más que al Rey, a su familia,
y antes que todo, a sus arcas.
¿De qué monstruo velazqueño
copiaste, al nacer, tu estampa?
Cojo de mala cojera,
cojo del cuerpo y del alma,
España no estará en paz
hasta que estires la pata.

A Tapia, en su furor antimonárquico, le seducen más las humillaciones a reinantes y ex reinantes.

Dicen que se encuentra mal
la esposa de Don Manuel
el ex Rey de Portugal,
y que no quiere con él
hacer vida marital.
Dicen que esposo y esposa
pasaron luna muy sosa...
¿De qué sufren?... No se sabe.
Lo de ella dicen que es grave,
y lo de él, «muy poca cosa».

Don Alfonso XIII, cometido el error de tolerar el golpe militar de Primo de Rivera, se hace, a ojos del pueblo, responsable de un acto represivo y anticonstitucional. El Rey, que fue mejor de lo que dicen, se va quedando sólo, abandonado de amigos y leales. Se celebran las elecciones municipales. Abril de 1931. El resultado no manda. La monarquía está perdida. Las ciudades votan República. El cómputo global, Monarquía. España está que arde, y el Rey decide suspender sus prerrogativas regias para no enfrentar a los españoles en una guerra civil. Luis de Tapia ha vencido, y lo escribe gozoso.

Se fue. Por la carretera
marcha un rey a la frontera.
Un día de primavera
brinda al aire aromas mil.
Se fue entre finos olores
de los almendros en flores.
¡Qué gran castigo, señores,
dejar España en abril!

Se fue. Sobra toda saña;
ya es triste cruzar España
cuando es flor todo el país.
Cuando, en fecundos olores,
florecen todas las flores
menos las flores de lis.

La República pierde su legitimidad democrática en 1934. A partir de ahí la gobernabilidad de España se ve pisoteada por un Frente Popular antidemocrático, vindicativo y sangriento. «No es esto, no es esto», es la repetición decepcionada de José Ortega y Gasset. La República, inspirada en gran medida por la España pensante, es sacudida por su propia turba. A ello se une el levantamiento militar del Ejército de Canarias, la Guerra Civil. No hay sitio para la poesía satírica, no hay lugar para la sonrisa. También España se enfrenta con crueldad en las letras, y los «nacionales» asesinan a Federico García Lorca, y los «rojos» a Pedro Muñoz Seca. Una España gana, otra España pierde, derrota para todos.

Terminada la Guerra Civil, España comienza a rehacerse. Son años tristes de hambre, de persecución, de venganzas, de emergencias, y congratulaciones. La censura se impone y la prudencia se mide por los años en los campos de concentración y los juicios sumarísimos. Tres gozos literarios resumen aquellos tiempos, con independencia de su rigor. Miles de libros se ocupan de la

Guerra Civil, pero tres han sabido ocuparla con la buena palabra. *El diccionario para un macuto* de Rafael García Serrano. *Madrid, de Corte a cheka* de Agustín de Foxá, y muy posterior, la *Leyenda del César visionario* de Francisco Umbral. Pocos versos, mucho dolor, terrible drama.

La Segunda Guerra Mundial se trata, desde la sociedad española triunfante, con poca seriedad. Es el Madrid de los bares caros, las juergas en Villa Rosa, los «caballeros mutilados» y los «jodidos cojos». Partidarios del Eje y simpatizantes de los Aliados discuten en la trinchera jocunda de la barra del Palace.

> ¿Es usted anglófilo?
> ¿Y usted germanófilo?
> Pues si no se entienden, llamaré a Teófilo,
> que es un fabricante de algodón hidrófilo.

Y era así.

Agustín de Foxá, conde de Foxá, escritor extraordinario, diplomático, ingenio rotundo y brillante, escéptico, gordo, de calculado desaliño indumentario, rápido como una bala en la palabra y feliz en la ironía. ¿Falangista? Poco. ¿Monárquico? Algo más. ¿Franquista? Hasta que el sentido del ridículo y de la libertad se lo permitía. Fabuloso personaje, capaz de escribir la sátira más tremenda y la despedida a la vida más estremecedora, como su *Melancolía del desaparecer*, escrita con la voz acercada de la muerte.

> Y pensar que después que yo me muera,
> aún surgirán mañanas luminosas,
> que bajo un cielo azul, la primavera
> indiferente a mi mansión postrera
> encarnará en la seda de las rosas.
> Y pensar que desnuda, azul, lasciva,

sobre mis huesos danzará la vida,
y que habrá nuevos cielos de escarlata
bañados por la luz del sol poniente,
y noches llenas de esa luz de plata,
que inundaban mi vieja serenata
cuando aún cantaba Dios bajo mi frente.
Y pensar, que no puedo en mi egoísmo,
llevarme al sol ni al cielo en mi mortaja;
que he de marchar yo solo, hacia el abismo.
Y que la luna brillará lo mismo,
y ya no la veré desde mi caja.

Asunto de mal de amores. Foxá se siente engañado por dos amigos bodegueros de Jerez, dos guapos, altivos y atractivos Domecq que rompen sus sueños de amor. El alma se derrumba, el fiasco le desampara, pero se venga. La venganza aún dura.

Horda del sur, enriquecida y boba
que venís con el pelo de la dehesa,
a enamorar a estúpidas marquesas
que a cambio de convites, os dan coba.

Tratantes de la Baja Andalucía
que usáis de propaganda, la tajada,
y presumís de genealogía
siendo vuestro escudo, una marca registrada.

Forman vuestra corte de adulones,
flamencos, tortilleras, maricones,
el Cuerpo Diplomático y Cortés*.

* Cortés. Se refiere a Clodoaldo Cortés, el excepcional fundador de Jockey y del Club 31.

Producto de una España en pandereta,
¡Idos con vuestro dinero a la puñeta,
oh, Borgias de los vinos de Jerez!

Por una frase ingeniosa se lo jugaba todo. Destinado en Roma. Italia de Mussolini. El yerno del Duce, el conde Ciano, manda más que el suegro. Está casado con una hija de don Benito, que le pone los cuernos un día sí y otro también. Recepción en la embajada de España. Foxá bebe y fuma sin parar. El conde Ciano pasa junto al escritor y diplomático y le dice: «Foxá, a usted le va a matar el alcohol.» Y Foxá le responde: «Y a usted, Marcial Lalanda.» Le cesaron, claro.

Es candidato a la Real Academia. Compite con Joaquín Calvo Sotelo, joven dramaturgo, hermano del Protomártir. Sale elegido Calvo Sotelo. Se dicen y murmuran muchas cosas, y los chismes tienen voz alzada. Se dice que Joaquín Calvo Sotelo se ha inspirado demasiado en un texto de Dicenta para estrenar *La Muralla*, una comedia magnífica. Para el acto de ingreso en la Real Academia, Calvo Sotelo se hace a la medida el uniforme de gala de los académicos, una lujuria afrancesada de oros y entorchados que nadie ha vestido hasta el momento. Foxá le dedica una cuarteta terrible.

Apellido, el de su hermano.
Uniforme, el de Maurois (Moruá).
La Muralla, de Dicenta;
sólo de él, la vanidad.

Joaquín Calvo Sotelo le responde. Ha ingresado en la Real Academia Española y le pega a Foxá en su punto más flaco. Su posible cornamenta.

A las puertas ha llamado
de la Academia Foxá.

De un derrote envenenado,
las dos puertas abrirá.

Foxá, que triunfa también en el teatro —*Cui-Ping-Sing* y *Baile en Capitanía*—, escribe una comedia en colaboración con su amigo José Vicente Puente. Es Puente personaje extraño, brillante en las tertulias y poca cosa en lo demás. La comedia se titula *Gente que pasa*, y como la gente, pasa desapercibida. Las relaciones se enfrían, y Puente y Foxá inauguran una temporada de arañazos.

Se le atribuye a Benavente lo que de Foxá es. José Vicente Puente se había reído de don Jacinto con motivo del estreno de la comedia *Una señora*. Sabido es que al premio Nobel le gustaban más los chicos que las chicas.

Don Jacinto Benavente
ha estrenado *Una señora*,
y es lo que dice la gente:
—Ya era hora, ya era hora.

A Benavente le importa un bledo el epigrama de Puente, bastante ingenioso, por cierto. Es Foxá el que le arrea, jugando con el negocio familiar de la familia Puente, una fábrica de camas.

Hace camas y comedias,
pero con tan mala suerte,
que en las camas te despiertas
y en las comedias te duermes.

X

LA BAHÍA Y EL LIMONERO

¿Tiene Pemán obra satírica? Como articulista, mucha y cimera. Como poeta, no. De cualquier forma, entre el costumbrismo y la sátira puede volar su poema a la Feria de Abril de Jerez.

Y es que Andalucía
es una señora de tanta hidalguía
que apenas le importa «lo materiá».

Ella es la inventora de esta fantasía
de comprar, y vender, y mercar,
entre risas, fiestas, coplas y alegría,
juntando a la par
negocio y poesía...
La Feria es un modo de disimular.

Un modo elegante
de comprar y vender.
Se lo oía decir a un tratante:
—Hay que ser inglés,
«pa» hacer un negocio
poniéndole a un socio
un parte con veinte palabras «medías»

que cada palabra cuesta un «dinerá»:
—Compro vagón muelle cinco «tonelás».
Stop. Urge envío... —¡Qué cursilería!
En Andalucía,
con veinte palabras no hay ni «pa empezá»...
¡Que al trato hay que echarle su poco de «sá»!

Lo de menos, quizás, es la venta.
Lo de más, es la gracia, el «aqué»,
y el hacer que no vuelvo y «volvé»,
y el darle al negocio su sal y pimienta
como debe «sé».

Negocio y poesía: ¡Feria de Jerez!
¡Rumbo y elegancia de una raza vieja
que gasta diez duros en vino y almejas
vendiendo una cosa que no vale tres!

Jerez. El cielo bonito
se viste de oro y de añil.
Lo mismo iba Joselito
aquella tarde de abril
en La Maestranza, en Sevilla.
—¿Te acuerdas? ¡Qué maravilla
de tarde de primavera
llena de luz y de olor!
De allí se fue a Talavera,
—¿te acuerdas?—, y no volvió.

Pero volvamos al caso.
Móntate a la grupa mía.
No hay en toda Andalucía
caballo de mejor paso
ni de andar más señoril.
vamos a darle un vistazo,
niña, a la Feria de Abril.

¡Qué filosofía
la de aquellos mulos castaños! El lote
bajo la modorra pesada del día
parece hecho en barro. Por delante, al trote,
pasa un señorito, cruza un ganadero,
dos coches, un auto... Nada les asombra.
Cada uno se busca su pizca de sombra
bajo las orejas de su compañero.

Y se empieza el trato.
Pinta un garabato
la vara de «El Coli». Se apoya en el anca.
Saca su pañuelo —verde y raya blanca—,
lo dobla, lo guarda sacando la punta,
tose, escupe, pisa, se para y pregunta:
—¿Cuánto das por ella, Currito Durán?
—De los setecientos no paso un real.
—¿Tienes mal la vista? —La tengo cabal.
—¿No es buena la jaca? —¡Para un organillo!
—¿Lo dice la envidia? —La «formalidá».
—¿Estás ya pintón?
—Tengo hipercloridia.
—Pues ve a Lanjarón...

Y rueda un lejano sonar de cencerros,
y un mugir de vacas, y un ladrar de perros.
Rebuzna un borrico, grita un mayoral,
se ha escapado un mulo, corren tres gitanos,
la yegua alazana se ha puesto de manos
y ha encallado un Austin en el barrizal.
Zumba un rebullicio largo y palabrero;
—Mira «tito» Jaime, ¡parece un inglés!,
y en un alazano pasa, caballero,
con chaqueta corta, don Pedro, el marqués.
Y hay un viejo negro, cenceño y enjuto,
que vende globitos.

Y el que a dos reales retrata al minuto,
y el que ofrece flores, y el que vende pitos,
y el gitano viejo, que olímpicamente,
tratando sus burros, charla, llora y miente
con el gesto grave de un emperador;
ricitos de negra, mirada gatuna,
la cara verdosa como la aceituna
y los dientes blancos como el alcanfor.

Y luego el paseo; la hirviente
cascada de coches y gentes
que orlan las barracas.
Gritos, altavoces, tambores, matracas:
—Pasen, pasen, pasen; vean la serpiente.
No hay peligro alguno. La entrada, un real.
Pasen, pasen, pasen. Costumbres de Oriente;
vistas y figuras; no hay nada que atente
contra la moral.

Y —lan, lan— campanas, y —tan, tan—
tambores
y —tarararira—, trompa y cornetín,
y un puesto de tortas, y un puesto de flores,
y uno de alfileres falsos en serrín.
Y gente y más gente
que viene y que va,
y una voz chillona que en los caballitos
comenta inocente:
—¡Qué gusto que da!
Y voces, y pitos,
—Pase el señorito,
pase el caballero.
Museo de Joselito
con la muerte de Granero...
Y un bullicio jaranero
que va y viene, y corre y anda,

y el vals de *Luisa Fernanda*
tocado con un trombón,
y el quejido largo de un acordeón,
y una voz: —El ciego, tened compasión,
y otra: —Una limosna para el pobre manco...
Y los cencerritos que en el tiro al blanco
mueven unas tristes vacas de cartón.

Se luce el recluta junto a la niñera,
y la mamá obesa, vestida de raso,
lleva dos de largo y una tobillera.
¡Y qué dialoguillos se cogen al paso!
—¿Y aquella barraca, qué es?
—¿Qué dice el letrero?; *Petit cabaret.*
—¿Y el cartel qué pinta? Pues una mujer
en malla y camisa.
—¡Que desfachatez!
Juana, Paca, Elisa,
pasad más aprisa...
¡Esto no se ha visto jamás en Jerez!

Y así va la Feria.
Como en una noria,
una, cien, mil veces
pasa el cangilón.
Y así se va el día. La noche ha cerrado.
Llega el farolero gruñón y cansado
que viene apagando la iluminación.
Y queda un borracho, que de lado a lado
va gritando: —¡Viva la Revolución!

Pasó el rebullicio, pasó la alegría...
Así son las cosas de esta Andalucía;
la forma brillante
y el fondo vacío;
para poco cante,

muy largo el «jipío».
A menos negocio; mayor fantasía.
Así son las cosas de esta Andalucía,
más sal que sustancia...¡Feria de Jerez!
¡Rumbo y elegancia de una raza vieja
que gasta diez duros en vino y almejas
vendiendo una cosa que no vale tres!

Su casi paisano Rafael Alberti, gongorino y gongoriano, tiene también la música de la Baja Andalucía en sus versos jocosos. Chuflilla a *Luis de Góngora Lagartijo*.

Tu capotillo, don Luis.
Tu capotillo de oro
¡Mira que me coge el toro!

Mi amante con su querido
me está poniendo los cuernos.
Ya suelte tacos o ternos
soy un cabrón consentido.
Si quiero mirar erguido,
me pesa la frente y lloro.
Tu capotillo, don Luis.
Tu capotillo de oro
¡Mira que me coge el toro!

Todas las noches del año,
el hijo de la gran puta
con su amante prostituta
viene y va del coro al caño.
Y por si no es poco el daño,
viene y va del caño al coro.
Tu capotillo, don Luis,
tu capotillo de oro
¡Mira que me coge el toro!

Al primer presidente de la República, Niceto Alcalá Zamora, natural de Priego (Córdoba), le escribe un soneto.

Sus tercetos son pasables, pero el último verso es antológico.

Yace el tonto, repito, el Presidente,
aquel que en vida sólo fue Niceto,
risa del hambre de la pobre gente.

Con orín en su mármol firmo ahora
este epitafio noble y de respeto:
«Fue tonto en Priego, en Alcalá y Zamora.»

El endecasílabo que pone fin al soneto ocupa un lugar de honor en la cumbre satírica.

En su libro del exilio romano, *Roma, peligro para caminantes*, escrito en la década de los sesenta, se puede leer un poema que es la síntesis de la precisión y la gracia. ¿Satírico? No todo. Pero su fondo de chufla le abre las puertas de esta antología. San Pedro en su estatua de bronce del Vaticano. Sus pies, gastados por los besos de los fieles. Habla con Dios y le cuenta sus desventuras. Un San Pedro con la gracia del Puerto de Santa María, que añora lo tan suyo y tan lejano.

Di Jesucristo. ¿Por qué
me besan tanto los pies?

Soy San Pedro, aquí sentado
en bronce inmovilizado.
No puedo mirar de lado
ni pegar un puntapié,
pues tengo los pies gastados...
como ves.

Haz un milagro, Señor,
¡Déjame bajar al río!
Volver a ser pescador...
que es lo mío.

También don Antonio —¡pobre y mal trajeado don Antonio!— se pone jocoso cuando se lo pide el cuerpo. Su poema a *Don Guido* entra de pleno en la sátira costumbrista. Antonio Machado, tan castellano y austero —«desdeño las romanzas de los tenores huecos y el coro de los grillos que cantan a la luna»—, tan sevillano de primeros años, se busca un seudónimo, Abel Infanzón, para soñar con lo imposible. Una Sevilla sin sevillaños. «¡Joé!»

¡Oh, maravilla!
¡Sevilla sin sevillanos,
la gran Sevilla!
Dadme una Sevilla vieja
donde se dormía el tiempo,
con palacios con jardines
bajo un azul de convento.
Sevilla y su verde orilla
sin toreros ni gitanos.
Sevilla sin sevillanos,
¡Oh, maravilla!

Una Sevilla rarísima, la que soñaba don Antonio.

XI

EL MADRID GOLFO DE LAS TERTULIAS

Pérez Creus y Manolito «El Pollero»

El Madrid golfo y tremendo de las tertulias literarias. Escritores, poetas, periodistas, putas y limpiabotas, que son los más importantes. En los bancos, conceden créditos Botín, y Deleitosa, y Villalonga, y March. En los cafés, los limpiabotas y los cerilleros, los dueños del Madrid puto y literario, humo de bar vomitado, serrín en los meaderos, pufos sin pagar y cafés prohibidos. Conrado Blanco se inventa «Alforjas para la poesía», que se celebraban los domingos, después de la misa de doce, en el Teatro Lara. «Versos a medianoche» de Eduardo Alonso en el Café Varela. Todo, bueno y malo. «Artis» de Mendizábal y Haupold. «Adelfos» de Llanos. «Tartessos» de José Martínez, «Versos con faldas» de Adelaida las Santas, Gloria Fuertes y Gloria Calvo. Tertulias y recitales obligados, algunos con sentido, los más, huecos y absurdos.

Lo cuenta —tremendo— Jesús Pardo en su *Autorretrato sin retoques.* Eugenia Serrano, periodista viva y atractiva, se trajina al Movimiento, al PCE, al lucero del Alba y al Quinto Regimiento. De sus amantes, Víctor

Ruiz Iriarte es el menos afortunado físicamente. Estupendo autor, afable persona, hombre completo, Ruiz Iriarte es liliputiense. Lo que se dice, enano. En su tertulia, Eugenia Serrano narra a sus amigos sus experiencias sexuales con don Víctor.

—Cuando follo con él, no sé si me está jodiendo o estoy teniendo un aborto.

Juan Pérez Creus abomina de la Serrano. Por cierto, que Pérez Creus, el más grande epigramista del siglo, ha escrito una décima fantástica dedicada al Generalísimo. La Serrano, que es muy cambiante y punzante viborilla, muy de su época, dice que Juan Pérez Creus, también «Maese Pérez», también «El diablo Cojuelo», también —años después, en *Sábado Gráfico*—, «el Pájaro Pinto», es un cobarde. La respuesta es tremenda, aunque tardía. Un soneto devastador, terrible, contra Eugenia Serrano, rematado con dos tercetos que Quevedo, Góngora, Villamediana y Palacio hubieran envidiado.

Llamarte fresca pobre sonaría;
llamarte zorra, no daría tu talla
pues por puta te tienen las personas.

Y llamarte putísima, sería
como llamarle cerro al Himalaya,
como llamarle arroyo al Amazonas.

A un cornudo, cuya identidad prefiere mantener en secreto, le arrea este soneto luminoso:

Qué enorme cornamenta se le fragua
en la frente. No hay duda que lo sabe.
Mas los cuernos en él son como el agua
para el pez, como el viento para el ave.

Cada cuerno es sostén y es arquitrabe
de otro cuerno mayor. Desde la enagua
de su mujer le surge, crece y cabe
un Vesubio, un Tolima, un Aconcagua.

Prodigio inimitable de grandeza,
Colonia y Burgos van en su cabeza
del gótico más puro y verdadero.

Con él ya sueña, imaginando cruzas
con sus vacas, en tierras andaluzas
don Graciliano Pérez Tabernero*.

A su amiga Eugenia Serrano ya le había dedicado un cariñoso epigrama.

Aunque tiene un gran talento,
es aún mayor su cinismo.
Por detrás se da al marxismo,
por delante, al Movimiento.

¿La razón? Quizás unos versos anónimos que corren por Madrid. En uno de los actos más sublimes de coba y baba caída de los «procuradores» que conformaban las llamadas Cortes Españolas y con el histórico objetivo de perpetuar el nombre de Francisco Franco, se aprueba por unanimidad una ley especial por la que el marqués de Villaverde es convertido en madre de su primer hijo varón. Los versos se atribuyen a «Maese Pérez», Juan Pérez Creus.

Por la alta bondad de Dios
que en sus mercedes no es manco,
en vez de un Francisco Franco

* Ganadero de reses bravas.

nos encontramos con dos.
El uno del otro en pos
nos llegan por nuestro bien,
pero Dios nos libre, amén,
de que doblando la hazaña,
salvada por uno España,
la salve el otro también.

Pero la gloria, la alcanza Pérez Creus con sus epigramas literarios, en los que se cachondea de sus colegas con agudeza demoledora. De José Ávalos, un poeta con más entusiasmo que calidad:

Tema usted sus versos, témalos.
Él le dice al público: Trágalos.
Y el público dice: Quémalos,
quémalos, qué malos, Ávalos.

A Adelaida las Antas, fundadora años después de otra tertulia femenina.

¿Tiene talento o no tiene?
¿Es oro o es pura coba?
Sube, baja, corre, viene,
y sonámbula, mantiene
en su castísima alcoba
un largo sueño de pene.

A Victoriano Gil Mateos, autor de un librillo de poemas pretenciosos titulado *Voz de la tierra*.

Voz de la tierra escribió,
pero silenciar no puedo
que aquella voz naufragó:
quedó en pedo.

A Ramiro Lagos, poeta colombiano, obsequioso con la dulzura, bastante petardo.

De Bucaramanga vino.
Dijo ser vate divino
y se sacó de la manga
un sonetario asesino.
Después deshizo el camino
y se fue a Bucaramanga.

Era Augusto Haupold Gay, además de poeta, policía y abogado.

Abogado y policía
don Augusto Haupold y Gay
pasa la noche y el día
persiguiendo a la poesía
y no la trinca, caray.

Rosendo Ruiz Bazaga. Presume de que nadie como él, desde Góngora, ha escrito mejor poesía. Entre Pérez Creus y el gran Manolo «El Pollero» le ponen en su sitio.

Don Rosendo Ruiz Bazaga
va con su coro senil
diciendo versos a mil.
Pero no escribe; los caga.

Y Manuel Fernández Sanz —su homenaje viene luego— «El Pollero».

Este poeta tremendo
de Góngora va a la zaga.
¡Cojones con don Rosendo
Ruiz Bazaga!

Y ya, pitorreo puro y duro.
Dicen que don Rosendo
es poeta. Es un infundio.
Don Rosendo es gerundio.

Para Pérez Creus, la obra del poeta José Antonio Medrano no se puede comparar con la de Quevedo, por poner un ejemplo satírico.

Dos poemas en total
conozco de este poeta.
Siempre los recita mal,
pero son su obra completa.

A la poetisa María Antonia Ibarra, más deseada por sus tetas que por sus rimas.

Mujer, ¿por qué no descubres
que el verso no es tu camino?
Si aplauden tu desatino
es porque tienes dos ubres
como la copa de un pino.

A García Copado, correcto literariamente, buen recitador y con un secreto.

Viene en su capa arropado.
Recita. No lo hace mal.
Pero sabe cada cual,
que en su apellido Copado
hay error gramatical.

A Manuel Benítez Carrasco, folclórico y loca.

Es un poeta folclórico
que no se lo salta un galgo.

Sabe manejar el tópico
y dijo Laín Entralgo*
que es bastante maricónico.

A Carmen Loizaga, bastante cursi. Muy entusiasmada con sus versos «dejadme bordar al sol/ mariposas y cerezas».

«Dejadme bordar al sol
mariposas y cerezas.»
Sí, dejadla. Mientras borda
no escribe versos la nena,
y así ganaremos todos:
Las musas, nosotros y ella,

Pedro de Lorenzo fue un hombre de gran influencia en *ABC* y, por ende, en el mundo periodístico y literario. Extremeño, vanidoso y estirado. Él mismo corregía los pies de foto que a él se referían. Donde ponía «el escritor Pedro de Lorenzo», el tachaba y añadía: «El ilustre escritor Pedro de Lorenzo...» Además de poeta y guionista, escribió un libro *Diario de la mañana* que es una síntesis de sus cotilleos, ambiciones y frustraciones en el *ABC*. Sus guiones televisivos en el programa *Los ríos* tuvieron gran éxito. Su literatura barroca sonaba bien, pero era muy difícil averiguar qué decía. Le escribí un soneto parodiando su lenguaje, y lo malo es que le gustó. Ahí su primer cuarteto:

De río en río va, de roca en roca,
Arlanzón, Carrión, ambos de Duero
cruzan hacia Alcocer, mágico otero
castillo ayer joyel, rima de Coca.

* Laín Entralgo no dijo nada, pero había que rimar.

Juan Pérez Creus le dedica un epigrama cuando publica su libro de poemas *Tu dulce cuerpo pensado.*

«Tu dulce cuerpo pensado»
una gran errata tiene.
Al participio pasado
le está sobrando la ene.

Al buen pintor y gran dibujante Gregorio Prieto, amigo de Federico García Lorca, blando y miramelindo.

Poetas los del soneto.
Apretad sin disimulo
en el sofá vuestro culo,
que viene Gregorio Prieto.

Al doctor Francisco Loredo, reputado facultativo, hombre de buena palabra y fino espíritu literario, autor de varios libros de poesía.

Pon, Paco, a tus musas, coto.
Abandona la poesía
y dedícate a la oto-
rrinolaringología.

Cuando Buero Vallejo estrenó su exitosa y magnífica comedia *Historia de una escalera.*

Buero Vallejo es autor
de una comedia cimera,
Historia de una escalera
que le sirvió de ascensor.

A Diego Fernández Collado, poeta de Almería, renco de andares.

Desde Almería ha llegado
Diego Fernández Collado
con unos versos muy flojos,
y para mayor dolor,
una buena parte cojos.
Lo mismito que su autor.

A los hermanos Conejo, pintores de poco éxito.

Los dos hermanos Conejo
(uno joven y otro viejo)
gozan de gran nombradía.
No os asombre:
pues es por esa lejía
que lleva su mismo nombre.

Conocí a Ginés de Albareda en casa de José María Pemán, en la calle de Felipe IV, junto a la Academia. Albareda era poeta florido y cursilón, y había escrito, entre otras cosas, un libro sobre la boda de Don Juan de Borbón, *Romeros a Roma*, con tanta pasión encendida y prosa tan ardiente que estuvo a punto de cargarse la monarquía. Quería Albareda que Pemán presentara su candidatura a la Real Academia, y don José María se zafaba como podía. Le cantó Pérez Creus:

Se cuelga preciosas joyas.
«Poeta genial», «divino
cantor», y es un gilipollas
como la copa de un pino.

Otro gran cursilón de la época fue Bonmatí de Codecido. Escribió una elogiosa y rendida biografía de Don Juan de Borbón —que afortunadamente no le afectó demasiado—, y otra de la duquesa de Alba.

Alto, hierático, erguido,
se acomoda por aquí
Bonmatí de Codecido.
Por su color de alhelí
llamarnos a Bonmatí
Bonmatí de Malcocido.

Eduardo Manzanos, afable e ingenioso. Poeta monárquico, que no abundaba la especie. También Manzanos fue estupendo epigramista. Cuando Fernando Vizcaíno Casas, joven y atrevido, estrenó una comedia en la que participaba como actor principal Jaime de Mora y Aragón, hermano de la reina Fabiola de Bélgica, Manzanos escribió:

Letrado de profesión,
autor de la nueva ola,
y una mierda de función
con las gafas y el bastón
del hermano de Fabiola.

Pero también a Eduardo Manzanos le endilgó Pérez Creus su epigrama:

A todo bicho viviente
estrechándole las manos
llega Eduardo Manzanos
—¡Buenas tardes, buena gente!
Y se lía
a hablar de la monarquía
con tal vigor, tal afán,
que nadie mejor lo haría.
Ni el mismo José María
Pemán.

Julio Trenas escribe una comedia, *Los Gladiolos*, que es silbada y meneada en su estreno. Para consolarle, le dedica estos versos:

¡*Los Gladiolos!* Gran silbido
merecieron sus escenas.
Ya no encontrarás mecenas.
Ahora sí que estás jodido
porque ya no estrenas, Trenas.

En su libro *Café Gijón*, Marino Gómez Santos trata mal a Pérez Creus. La pequeña venganza no se hace esperar.

¿De quién es el desatino?
De Marino.
Con cara de piedra pómez,
Gómez.
Quiere causarme quebrantos,
Santos.
Pues hoy, a tantos de tantos,
con decisión absoluta,
me cisco en la cagarruta
de Marino Gómez Santos.

A Remedios de la Bárcena.

Llega inundando el local
de mil perfiladas olas.
Son sus pechos dos perolas
y es su pompi un gran timbal.
No se le recibe mal
pues nos causa compasión
la funesta bendición
eclesial, de un buen vicario
que casóla a un boticario
que salióle maricón.

Jovencito y sin hacer, el poeta Félix Grande —extraordinario flamencólogo, posteriormente—, se cree más de lo que es.

> Por doquiera que yo ande
> bajad la testa, poetas.
> Soy el rey de los estetas,
> soy Félix Primero, el Grande...
> (Hombre, vete a hacer puñetas.)

Lo bueno, de ahí la grandeza de Juan Pérez Creus, es que parece fácil. A Víctor González Gil se lo cepilla de esta manera:

> Es un gran imaginero
> pero...
> pero tontaina absoluto.
> Charlatán contra «reló»,
> a nadie le he oído yo
> más pijadas por minuto.

En unas jornadas literarias, estaba Pérez Creus con Jaime Campmany. Frente a ellos, descansaba Carmen Nonell y un espejo duplicaba su presencia. En un segundo, Pérez Creus escribió estos versos que le depositó a Campmany:

> Esas piernas del espejo
> son las de Carmen Nonell.
> Entre ellas, un coño viejo
> se aburre. Rezad por él.

Al gran costumbrista, gran escritor taurino, gran tacaño y gran viejo verde —sólo al final de su vida perdió el interés—, Antonio Díaz Cañabate.

Mueven el escaparate
las niñas de La Rioja,
y hasta a Díaz Cañabate
se le estira y se le afloja.

No sólo la letra que dice Pérez Creus. Les separaban muchas cosas, pero el epigrama a Ansó es divertido.

Sólo por una ene,
sépalo «usté»,
este Ansó no es el nene
del *ABC*.

Ya era Francisco Umbral un prodigio de las letras, pero todavía joven, a Pérez Creus le pareció oportuno bajarle los humos.

Umbral en Jaca no ha sido
el centro de la atención,
y está bastante jodido.
Le ha causado indignación
el quedarse en su apellido.

¡Manolito «el Pollero»! Manuel Fernández Sanz, según Cela, según Campmany, según Manolo Alcántara, el espíritu más fino y delicado, niño poeta, de los bares y tertulias madrileñas. Llamado «el Pollero» porque era dueño de una pollería. Glotón y beodo, invitador caprichoso, dulce y rapaz. En sus *Papeles de son Armadans*, Camilo José Cela edita una preciosa selección de sus versos con el título *Silva, grillera y cigarral de Manolito el Pollero*.

Muchos de estos versos permanecen gracias a sus amigos, que los rescataban en el suelo, escritos en servilletas de papel entre serrín y pieles de gambas cocidas. Versos con olor a «coñá» y cerveza, a noche antigua y madrugada golfa. Escribe a todo. A un armario de luna, a un galeón de indias, a un barquito de museo, a uno que entra y a otro que sale.

En su *Jardín de las víboras*, Jaime Campmany cuenta que su poema *El niño y las ranas* tenía siempre el éxito inmediato, la ovación del público. Lo entiendo perfectamente.

Al pasar junto a la charca
el niño me preguntaba:
—¿Qué son las ranas?
—Pues mira, niño, las ranas...
—¿Y por qué cantan?
—Pues mira, niño, las ranas...
—¿Y por qué saltan?
—Pues mira, niño, las ranas...
—¿Y por que nadan?
¡Y no tuve más remedio
que tirar al niño al agua!

Su poema a la Semana Santa es una delicia.

Jueves Santo,
Viernes Santo,
duelo y llanto.
Tanta aflicción es de espanto;
no sé ni cómo la aguanto,
ni soporto, ni resisto,
ver al Hombre, ver a Cristo
tragar hiel ¡está tan visto!
Y en filas indias, detrás
y delante, nazarenos,
nazarenos,
nazarenos,
unos diez mil, indio más
indio menos;

el interminable lote;
por docena, un iscariote,
de agudos de capirote;
y el impenitente brote
de unicornios,
de bicornios,
de tricornios;
la teoría del cuerno
rogándole al Padre Eterno
que nos libre del Infierno.
Y el blandón, el cirio, el hacha,
y el hacha, el cirio, el blandón,
y suma y sigue la racha,
y ¡toma!, más procesión,
y otro paso, y otro envite,
hasta que Dios resucite.
Y, ¡qué tonos!,
la semana está de monos.
Y va, que arde, de cera
litúrgica, la carrera;
la de Cristo, nos espera;
Muchos,
muchos,
muchos,
muchos
¡¡cucuruchos!!

A su pluma, a su ternura y sensibilidad, le debemos el más breve y sencillo villancico que se ha escrito hasta ahora. Es una cuarteta, también rescatada por sus amigos, resumen de su encanto.

Cuando con los otros niños,
de Niño jugabas Tú,
¿Sabías, o no sabías
que eras el Niño Jesús?

XII

DE LAS VÍBORAS DE CAMPMANY AL PLATANITO DE LLOPIS

El extraordinario Jaime Campmany, en su libro *El jardín de las víboras*, recoge una considerable cantidad de epigramas ingeniosos, algunos de voz anónima, otros atribuidos a un peligrosísimo «epigramista desconocido», un pájaro de cuentas.

En aquellos días, un tal Sánchez se enamoró de una corista. Se enamoró locamente, cosa por otra parte, muy de los Sánchez de toda la vida. Cuando sus amigos, que se habían tirado a la novia de Sánchez cuantas veces habían querido, le advertían que la chica era ligera, Sánchez se irritaba como un antiguo caballero, y defendía el honor de la su dama con altivez castellana. Para bajarle del burro, o de la burra, uno de sus amigos le escribió este epigrama:

> Aunque Sánchez se incomode
> Margarita Suripanta
> no es una tiple que jode;
> es una puta que canta.

Parece ser que Sánchez reaccionó. Yo conocí un caso parecido. Un amigo de mis hermanos, de escasa apostura y menor belleza, formalizó relaciones con una señorita asturiana, que era conocida por «La Interpol». El mote le venía, según él, de su innata sagacidad, cuando en realidad era así denominada porque tenía archivadas en las tetas todas las huellas dactilares de los hombres menores de cincuenta años de Gijón, Oviedo, Mieres, Ribadesella y Avilés.

Matías Prats, el gran periodista y locutor, inventor del fútbol retransmitido por radio, es también un estupendo epigramista. Conocedor máximo del mundo de los toros, le dedicó al conde de Mayalde unos versos inolvidables cuando fue nombrado por segunda vez alcalde de Madrid.

El conde de Mayalde era ganadero de reses bravas y dicen los entendidos que sus toros manseaban más de la cuenta, sobre todo en la suerte de varas.

¿Mayalde otra vez Alcalde?
Cosa rara entre las raras.
Será el único mayalde
que haya tomado dos varas.

De un cachondo insular es el epigrama siguiente. Era gobernador civil en Tenerife Sergio Orbaneja, que se jactaba de su dureza con los enemigos del Régimen. Para Orbaneja, todo bicho viviente era sospechoso, y en Tenerife se le temía más que a un nublado. Las protestas fueron tantas que Orbaneja fue cesado y sustituido por un tal Saldaña, de mejores perspectivas.

Dicen que se va Orbaneja
y que nos llega Saldaña.
Si es de la misma calaña,
que la Virgen nos proteja.
¡Viva Franco! ¡Arriba España!

Al actual director de la Real Academia Española, Fernando Lázaro Carreter, cuando estrenó su primera —¿quizás, única?— pieza teatral con muy descriptible éxito. Según Jaime Campmany, la autoría pertenece al pájaro de cuentas del «epigramista desconocido».

Cristo a Lázaro en buena hora
lo levantó en un instante.
A este Lázaro de ahora
no hay Cristo que lo levante.

Eugenio d'Ors (Xenius) le metió un bajonazo a José Francés, crítico de arte del que se decía que gustaba de adornar las paredes de su casa con cuadros de pintores bien tratados por sus críticas.

Por esta vez
José Francés
ha sido en los elogios harto parco.
Porque el pintor
tuvo el error
de regalarle el cuadro sin el marco.

Dos ministros de Franco dejaron plantado al Generalísimo. El primero, Pedro Sáinz Rodríguez, que dimitió «por poderes». Es decir, que cuando se supo ya había huido a Portugal. El otro fue José Luis Arrese, que dimitió, se reafirmó en su decisión, y cuando Franco le dijo que le metía en chirona, se lo pensó mejor y siguió de ministro.

En el camino de El Pardo
han levantado una ermita
con un letrero que dice:
«Maricón el que dimita.»

Traté a Basilio Gassent los pocos meses que pertenecí a la junta que concede el Garbanzo de Plata de Torres Bermejas, una de las distinciones más castizas y prestigiosas de Madrid. Formé parte de esa junta porque la presidía mi querido Antonio Mingote. Me pareció Gassent un hombre amable y fluido, y había sido adaptador de novelas para la radio. Según mi tío bisabuelo literario Jaime Campmany, Antonio García Calderón, asombrado por la rapidez con que despachaba Gassent su trabajo de adaptación, le escribió esto:

Este Basilio Gassent
cuando hace una adaptación
no es que la haga mal o bien,
sino que en un santiamén
el pedazo de cabrón
llega a la página cien.

¿También del «epigramista desconocido» esta descripción del escritor Antonio D. Olano? Epigrama cruelísimo. Llega Olano al café Gijón.

En una mesa, pintores,
periodistas y poetas.
Suelta Olano mil facetas
de sus bobadas mejores.
Siempre le vi con sudores
en invierno y en verano.
Y hay quien afirma que Olano,
charlatán extravertido,
entrometido y barroco,
tiene loco, loco, loco
el final de su apellido.

Me lo recitó por primera vez el genio del humor surrealista español, Luis Sánchez Polack, «Tip». Se había casado un tal Senén, y alguien tuvo la gentileza de explicarnos los detalles de la celebración nupcial.

En la boda de Senén,
hubo pastas, dulces, frutas,
maricones y hasta putas.
¡En fin, que estuvo muy bien!

También del «desconocido». A Néstor Alonso, poeta canario, perdedor de combustible y anticuario. En la puerta de su tienda, por la noche, alguien escribió:

Lo primero el corazón,
y lo segundo, el trasero.
Como Alonso es maricón,
lo segundo es lo primero.

Era Manuel Lozano Sevilla el taquígrafo de Franco. Cuando Franco viajaba, el encargado de escribir la crónica del entusiasmo era él. Nadie estaba autorizado a cambiar ni una coma, y todos los periódicos estaban obligados a publicar su trabajo. Un día escribió que «las campanas doblaron de alegría a la llegada del Caudillo». José Montero Alonso «Monterito», en la redacción de *Madrid* reparó en el error y llamó a los censores. —Las campanas «doblan» a muerto, pero no de alegría; en tal caso, las campanas «repican»—. Pero Lozano Sevilla no se encontraba a mano y nadie se atrevió a corregir el resbalón. Entonces, Montero Alonso, escribió un epigrama.

El doblar, que es toque serio,
puede serlo de optimismo
si lo ordena el Ministerio
de Información y Turismo.

Para mí, que Montero Alonso no hizo más que adaptar y mejorar un epigrama anterior. En sus *Memorias*, Cela se refiere a una crónica publicada en el diario *Hoy* de Badajoz, que narra la toma de Tarragona en la Guerra Civil, y en la cual se lee que «las campanas doblaron de gozo». Y recuerda esta cuarteta:

El doblar de la campana,
toque funeral y serio,
puede serlo de algazara
si lo manda el Ministerio.

En cualquier caso, el de Montero Alonso, mejor.

Trifulca en soneto entre Jaime Campmany, director de *Arriba*, y Emilio Romero, director de *Pueblo*. De Emilio Romero, brillantísimo polemista y maestro de periodistas, dramaturgo de éxito y dueño de una mente lúcida y una pluma poderosa, había dicho el genial Antonio de Lara «Tono», uno de los talentos más anchos y abiertos del humor español.

Periodista excepcional,
como sabe ya hasta el gato,
y orgullo del Sindicato...
vertical.

Emilio Romero, intelectualmente, estaba por encima del Régimen, pero pertenecía al núcleo de influencias de José Solís, ministro casi eterno, hombre de gran simpatía, demagogo supino, natural de Cabra y víctima del ingenio de Muñoz Alonso —o quizá de Luis Blanco Vila—. En un debate en las Cortes, Solís defendía un proyecto de ley que perjudicaba al latín y beneficiaba al deporte. «¡Menos latín y más deporte!», proclamó desde la tribuna de oradores. La defensa del latín no se hizo esperar. «Señor ministro. Gracias al latín, ustedes los de

Cabra, se llaman egabrenses.» Jaime Campmany inmortalizó la situación y la controversia.

Quién dijera la palabra
no es tema de discusión.
Lo importante, en mi opinión,
es que el natural de Cabra
no sea llamado cabrón.

Pero estamos en la bella escaramuza de perversidad entre don Jaime y don Emilio. La inicia Campmany con este soneto:

Dime, Emilio Romero, por tu vida,
cuál será hogaño el sol que más caliente,
cuál el ministro más longuipotente,
cuál el árbol de sombra más tupida.

Díme cómo conjugas a medida
el pasado, el futuro, y el presente:
cómo llevar, al que entra, la corriente;
cómo espolonearle a la salida.

Conservador tenaz, «progre» fecundo,
anteayer liberal, hoy socialista,
mañana reaccionario en un momento.

Emilio: cuando dejes este mundo,
no habrá perdido España un periodista,
¡España habrá perdido un parlamento!

Y responde Emilio Romero en recado de soneto.

Oye, Jaime Campmany, si no sabes
todo lo que antecede en un minuto,
puedes estar seguro que no vales
ni para hacer la O con un canuto.

Seguro que no estás en tus cabales
queriendo hacer la mezcla en tu macuto
con el póquer, el whisky, editoriales,
camisa azul y algún puñal de Bruto.

Antes has de pensar que herir en vano,
con el verso y el arte escatológicos,
mirarte a tus fracasos antológicos.

Nadie te va a creer que con buen fin,
escribas con el alma en cada mano,
sirviendo a España, al Cielo y a Botín*.

En el soneto, gana Campmany. Esto del verso es muy suyo, y hay que sentir la métrica y la rima como una melodía que sale dentro de unas normas establecidas. No obstante, Emilio Romero, que conoce a Quevedo, que ama a Larra y que tiene la mala intención de ambos, escribe un poema a un ministro del Régimen —¿quizá militar, quizá del Opus?—, más logrado y contundente.

No sé qué decirte, majo,
porque todo no se pierda.
Eres, ministro, un marrajo
y hay que mandarte a la mierda.

No hay opción; esto es muy gordo,
cualquier arreglo es viruta.
Hay que bajarte de a bordo
por ser un hijo de puta.

Estás mandando en un chollo
que te produce millones.

* Don Emilio Botín, claro.

Eres una lapa al bollo
y no tienes dos cojones.

Es mediocre tu figura,
y tu conciencia renquea.
El país, desde su altura
cualquier día va, y te mea.

¡Ay que ver lo que es la vida!
¡Qué país! ¡Nos ha jodido!
¡España, Patria querida,
que buen cabrón has traído!

Contundente, directo, no sutil. Si se hubiera publicado —más que improbable, imposible—, Emilio Romero habría sido empapelado y encarcelado. Algún día conoceremos la identidad del agraviado. Más «tecnócrata» que militar, intuyo, y ya fallecido. De no ser así, se sabría. Una lástima que el satírico no revele la identidad de su víctima.

Jaime Campmany se las tiene tiesas con el historiador democristiano Javier Tusell. En un artículo de *ABC* le llama «tonto intonso», por aquello de la tonsura, pero la errata surge, y ya publicado, Tusell pasa de «tonto intonso» a «tonto intenso». No son cordiales las relaciones entre ambos, y ninguno de los dos cuenta con el otro para ampliar sus círculos de amistades. En la primavera de 1997, Tusell y Campmany vuelven a las andadas, y don Jaime le endilga al joven historiador un soneto de órdago, cuya autoría atribuye a Salvador Jacinto Polo de Medina.

Eres tonto, Tusell, hasta el cogote.
¿Hasta el cogote sólo? Mas, ¿qué digo?
tonto hasta más abajo del ombligo,
hasta el pichitirriti del cipote.

Eres tonto de baba y estrambote,
tonto de cagajón, tonto del higo,
tontaina clerical, rampabodigo,
tolondro, tontolín, tonto del bote.

Correlindes, bambarria, ablandabrevas,
chirrichote, bodoque, majagranzas,
mastuerzo, maxmordón y mamacallos.

Un capirote por birrete llevas,
hacia Pichote giran tus andanzas,
y asas como manteca, tus ensayos.

Como flores valientes que se abren en los páramos, surgen poetas aficionados que aciertan con gracia y audacia. Nada más complicado que versificar un chiste, un cuento de barra entre amigos. Héctor Alarcón lo consigue con donaire.

Cuentan que en un instituto
un severo profesor
—¿Dónde se encuentra la albúmina?—
a una alumna preguntó.

—En los huevos —le apuntaba
su amigo desde la reja;
pero la chica no osaba
repetir la palabreja.

Hasta que, al ver que el examen
iba hacia un fracaso fijo,
bajando la vista al suelo
—en los testículos —dijo.

—Sin pretender ser tan fina
(le apuntaba el profesor)

ya hubiera usted respondido
a mi sencilla cuestión.

Y entonces la colegiala,
pasando de inhibiciones,
dijo que le daba corte
decir que era en los cojones.

En tiempos del franquismo, las crisis ministeriales se vivían con verdadera pasión. Toda persona que se considerara más o menos enterada, llevaba en el bolsillo la lista del nuevo Gobierno, los cesantes y los emergentes, casi siempre muy lejana a la que Franco había elaborado a su gusto y antojo. Era ministro del Gobierno el señor Gual Villalbí, al que los rumores daban como gobernante saliente. La siempre sabia voz de la calle, dio en la diana.

Con Gual o sin Gual....
es igual.

Era Miguel Ángel Marrodán poeta tan fecundo como poco leído. Los editores no contaban con él para enriquecer sus colecciones de poesía y Marrodán decidió editarse los libros por su cuenta y riesgo. Una gran fortuna dedicó a ello, puesto que escribía libros como quien hace rosquillas. Para salir de su agobio de almacenamiento, tuvo la gran idea de enviar libros a sus amigos y conocidos, muy cariñosamente dedicados y contra reembolso. De ahí lo que supuestamente exclamó un funcionario móvil de Correos:

—¡Carajo! —dijo el cartero.
—¡Tres libros de Marrodán
y estamos a dos de enero!

Lugar de privilegio y homenaje merece Jaime Campmany y Díaz de Revenga, natural de Murcia, prosista y poeta prodigioso, periodista y novelista —*Jinojito el Lila*—, director de *Arriba*, gran maestre de la Cofradía de la Columna fundada por Antonio Burgos y autor del romancero más descojonante del siglo XX. Sus columnas en *ABC* y *Época*, semanario que funda y dirige, son obras de arte sólo comparables, por la insistencia en su calidad, a las de Francisco Umbral.

Han pasado dos años desde el triunfo socialista en las urnas, allá en octubre de 1982. Victoria apabullante, con una mayoría absoluta espectacular. Doscientos dos diputados en el Congreso. España ha votado el cambio, y se espera de los socialistas nuevo empuje e ideas claras. También honradez, supuesto que no se duda. La UCD de Adolfo Suárez ha sucumbido, y Leopoldo Calvo Sotelo, que se encuentra con una sociedad rendida a sus pies después del intento de golpe de Estado de 1981, ha fracasado. El PSOE gana, Felipe González gobierna, y a los dos años, se acumulan los escándalos, empiezan las decepciones, nacen los «chorizos» como hongos, se cometen arbitrariedades tremendas y Jaime Campmany escribe un romance.

Al final del Siglo Veinte
o sea, mil novecientos
año «ochenta y cuatroavo»
como diría un mastuerzo,
o el octogésimo cuarto
que dice el analfabeto,
sufrió gran tribulación
el país de los batuecos.
Con diez millones de votos
de ilusionados rogelios,
ganaron las elecciones
y entraron en el Gobierno,

unos mozos socialistas
que se llamaban obreros
sin tener un solo callo
en la yema de los dedos.
Gran revuelo en Las Batuecas
alzó el acontecimiento;
hizo bailes y charangas
la hermosa gente del pueblo,
y levantaron el puño
en forma de macetero
con una rosa de seda
presa en un guante de hierro.

Con la rosa por testigo,
los ministros prometieron
dar trabajo, hacer justicia
predicar con el ejemplo,
y levantar las alfombras
del palacio del Gobierno
por barrer todos los polvos
de anteriores trapicheos,
con cien años de honradez
convertidos en plumero.
Y que por fin, Las Batuecas,
fuese un país europeo,
demócrata, libre, culto,
pero sobre todo, ético.
Al pie de un rosal florido
hicieron su juramento.

Pasaron algunos meses,
y al llegar al año y medio
las rosas se habían secado
marchitadas por completo.
Los desengaños helaron
la sangre de los batuecos,

y volaron las promesas
como hojas se lleva el viento.
—Promesas electorales
mueren pronto —según Tierno.
Se poblaron Las Batuecas
de pícaros gonzaleros,
cucañistas, trepadores,
dómines sin alfabeto,
políticos sin gramática,
donjuanes de medio pelo,
tragaldabas, tragaperras,
tragacargos, tragasueldos,
y en menos que canta un gallo,
nos dejaron en barbecho.

En calzón, los pensionistas,
en pernetas, los obreros,
empresarios, en pelotas,
contribuyentes, en cueros,
Alfonso Guerra en Mercedes,
en la cárcel, Ruiz Mateos,
los ladrones, a la calle,
los tontos, al Ministerio,
los vivos, a Sarasola,
los guardias, al cementerio,
los terroristas, a Cuba,
los electores, al huerto,
Fernando Morán en China...
y todos, al tostadero.

Es Jaime Campmany satírico de linaje. Sobrino biznieto de José Selgas, un gran poeta satírico del XIX, fundador y alma del semanario *El Padre Cobos*, que era cabecera y seudónimo de Selgas. El tío bisabuelo de Jaime Campmany conocía muy bien el amor de los políticos hacia España.

El amor a la Patria es un incesto;
otra cosa es amar el Presupuesto.

Sus romances, publicados en *ABC* y *Época*, adquieren una nueva dimensión, cuando son recitados en el programa radiofónico de Antonio Herrero en la COPE. Del romance a Luis Yáñez.

Echó a pique a «La Victoria»
sin que saliera del puerto.
No hallaréis un gafe igual
ni entre vivos ni entre muertos.

Al presidente de la Junta de Extremadura, Rodríguez Ibarra.

Por las tierras extremeñas
trisca Rodríguez Ibarra,
bellotari que gobierna
con un gobierno de cabras.

Suya es, aunque quiera disimularlo, la *Nana de Ana*, dedicada a la hija de Miguel Boyer y de Isabel Preysler.

A la nana, nana
de la niña Ana.

A la nana, nana
de la niña Ana,
que nació pequeña,
mas nació muy sana,
que nació pequeña
pero muy risueña,
y muy comilona,
tragona, tragona,

tragona y tragante,
tragante y tragona,
rica y ricachona
nació la lactante,
la nueva habitante
de Villa Meona.

A la nana, nana,
de la niña Ana.

Palo de canela,
bola de algodón,
jugará a rayuela
con el «Conycón»*.

Canelita en rama,
canelita fina,
última derrama
de la filipina,
primero la mama,
luego el biberón,
qué rica menina
del socialistón.

A la nana, nana,
de la niña Ana.

Si el frío no acaba,
si sintiera frío,
si no le abrigaba
la dulce chilaba
del moro de KIO,
que a la boyerina

* Conycón. Construcciones y Contratas, sociedad de las hermanas Koplowitz, protectoras del gran carota.

de la Isabelina
y a sus dedos yertos,
den la gabardina
de los dos Albertos.

A la nana, nana,
de la nana niña.
De la niña Ana
de la filipina.

Campmany y Ussía, otro poeta satírico, muy de mi conocimiento, coinciden en la Noche de los Cavia en *ABC*. Se entregan los premios Mariano de Cavia, Luca de Tena y Mingote. Preside Su Majestad la Reina. Los discursos de los galardonados han sido extensos, y los asistentes tienen cara de sueño. Antes de que la Reina haga uso de la palabra, suelta una larguísima perorata el presidente del jurado, el poeta y académico catalán Pere Gimferrer, gran escritor, de aspecto romántico, con cabellera lacia y greñuda y piel de marfil sin afeitar. Para pasar el rato, Campmany y Ussía se pasan recados epigramáticos.

Inicia la broma Campmany.

Sé que la «inmersión» te hiere*,
y es lógico que te hiera,
pero recuerda que «Pere»,
debe pronunciarse «Pera».

Responde Ussía.

Reconozco que me hiere,
e incluso me desespera,

* La inmersión lingüística en Cataluña del Gobierno Pujol.

que se escriba «Pere», y «Pere»
deba pronunciarse «Pera».

Campmany insiste.

No hay explicación alguna,
más si se trata de «Pera»,
yo voy pronto a hacerme una
corriendo y a la carrera.

Ussía no desfallece.

El «Pera» que greñas peina
tiene la palabra sabia,
pero si habla más, la Reina
no vuelve a venir al «Cavia».

Campmany repara en otros horizontes.

Aunque simule en su empeño,
es simulación en balde.
¡Mira qué cara de sueño
está poniendo el alcalde*!

Y Ussía se refiere a su entorno inmediato.

Es que el discurso es un muermo.
¡Fíjate en la situación!
Se están durmiendo Guillermo
Luca de Tena y Ansón.

¿Es de Campmany este epigrama dedicado al duque de Alba consorte, Jesús Aguirre? Tanto el primero como el que después viene se atribuyen al epigramista des-

* José María Álvarez del Manzano, alcalde de Madrid.

conocido, aun cuando Ussía cree que el primero es de Campmany, y Campmany que el segundo es de Ussía. Los dos crueles en grado sumo.

¿Es o no es un caradura
el cura
que pretendió a la duquesa?
¡Sorpresa!
No hay tertulia o sobremesa
que no diga que el Demonio
fue quien urdió el matrimonio
del cura con la duquesa.

Y el segundo, también contra el mismo personaje.

En sus tiempos de novicio
no gozaba otra ventura
que horadando el orificio
de otro novicio, o de un cura.

El gran mecenas de la poesía satírica en los primeros años de libertad recuperada se llama Eugenio Suárez, propietario y editor de *Sábado Gráfico*. En un momento dado, coinciden en sus páginas cinco vates bienhumorados o malhumorados, según se mire. José Bergamín, Josep Maria Espinàs, Juan Pérez Creus, José Luis Herrera y Alfonso Ussía, éste recién llegado.

A Bergamín le ofrece Eugenio Suárez el cobijo que muchos le niegan. Es hombre menudo, de mirada que atraviesa, vive en el Madrid de los Austrias y siempre está cabreado. Curioso personaje, altísimo como poeta y bajísimo como ser humano. Terminó sus días en San Sebastián, como un perrito faldero de la asquerosa Genoveva Forest, terrorista ella, y afiliado a Herri Batasuna. El estupendo poeta de la generación luminosa, malagueño y madrileño, republicano y beato, perdedor siempre, combatiente huido del Frente, castizo a su pesar, españolísimo, muere y es enterrado entre símbolos de odio, crimen y terror.

Era amable y divertido. Pellizcaba en el culo a las jovencitas y llevaba una carga de amargura considerable. Sus amigos decían que siempre había sido tonto, y que su mirada acerada no era sino una expresión de maldad vacía. Como poeta menor de su generación, tuvo gracia, sentimiento y donaire, y brilló en lo folclórico. Antes de Herri Batasuna se enamoró del toreo de Rafael de Paula, del que escribió un libro —*La música callada del toreo*—, sencillamente espantoso.

José Luis Herrera, que firmaba «Don Joseph», escribía como un dominico. Buen dominio del verso, buena palabra, buena medida, buena rima y buen coñazo. Espinàs, poeta catalán, estaba más al ritmo de la calle, y de «Pájaro Pinto» —Juan Pérez Creus—, ya se ha dicho lo que era y es. Un genio del epigrama, más de ráfaga que de poema largo, maestro de la agudeza.

Ha desaparecido —era su destino, ya con la libertad de expresión conquistada—, *La Codorniz*. De la mano de Álvaro de la Iglesia escribe poemas en «la revista más audaz para el lector más inteligente» el magnífico Jorge Llopis. El gran Llopis publicaría un libro delicioso, parodiando con intención de ridículo, a la poesía llamada «seria». Su libro, *Las mil peores poesías de la lengua castellana*, no tiene desperdicio. Así, de Gustavo Adolfo Bécquer:

> ¿Qué es huevo frito? Dices mientras clavas
> tu mirada en el pálido trasluz.
> ¿Qué es huevo frito? ¿Y tú me lo preguntas?
> ¡Huevo frito eres tú!

De Jorge Guillén, en una falsa espinela.

El desierto prematuro.
¡Luz! Y la luz se marea
de ser luz. Y redondea
el hábito de ser puro.
Se inmolan los abedules
fugaces. Concreta azules
la unidad. Ya la voy viendo.
Y el secreto. Todo el frío
se masca en el pío pío.
Total, un lío tremendo.

Cuando llegan los hexasílabos, vuelve a Bécquer.

Sobre tablas negras
dejaron sus cuerpos;
con viejas frazadas
pronto los cubrieron,
y allí se quedaron
verdes de fermento
y de soledades
los quesos manchegos.

La vaga penumbra
de moho y silencio
les prestaba sombra
de trágicos senos,
tan puros, tan lácteos,
que pensé con miedo:
¡Dios Mío, qué solos
se quedan los quesos!

Y esta serranilla del señor marqués de Santillana.

Por Navacerrada
serrana yo vide
gorda e colorada.

Montaba un borrico,
vestía un refaxo,
que exhalaba un rico
regustillo de axo.

Corpiño e faldeta
tenida de azul,
con su camiseta
e su canesul.

Hoy es Nochebuena
—dixe— serranilla,
e tengo una cena
con pavo e morcilla.

Daréte el asado
que te he susodicho,
e un cerdo cebado
(con perdón sea dicho).

Daréte unas sopas
que dan calorías,
e después tres copas
de González Byass.

Creo, en poridat,
que te ofrezo, niña,
buena Navidat.

Otros la disfruten
—dixo— caballero;
la cena es de buten
mas cenar non quiero.

¿Non vendrás, chiquilla?
Señor, non iré.

Adiós, serranilla,
Adiós, don José.

Por Navacerrada,
serrana yo vide
que non comía nada.

Y finalmente, parodiando a Hartzenbusch, con sus fábulas pesadísimas. Ésta, de la cotorra y el plátano:

Una cotorra verde y africana
un plátano encontró cierta mañana.

Lo mira, lo remira sabihonda
y dice al fin: —¡Qué cosa tan cachonda!

Nunca vi nada igual. Largo, lustroso,
fusiforme, pulido y misterioso.

Mas su aspecto me llena de pavura,
pues no creo que pase la Censura.

Así, que sin dudar, si es que dudaba
lo tiró, y se acabó lo que se daba.

Y de su acción, haciendo grande dolo,
tomólo, enarbolólo y arrojólo.

Moraleja: Juzgad cual la cotorra
el libro por la tapa que lo forra.

Que en muchísimas obras literarias
hay dentro un platanito de Canarias.

XIII

ESTADO PURO

El mago del humor surrealista. Se llama Luis Sánchez Polack, y su nombre artístico tiene una sola sílaba, «Tip». Aunque su genialidad se desarrolla preferentemente en la escena, la televisión y la radio —es el alma del programa de Luis del Olmo *El debate de la nación*—, también hace sus pinitos literarios, y con mucho garbo. Luis Sánchez Polack posee una notable preceptiva literaria, y su poesía es siempre humorística, festiva, inesperada y blanca. Como él. En su libro *Romances de Mío Tip* se pueden leer poemas divertidísimos, uno de ellos con rima final tramposa muy característica de su autor.

Vide una rosa fermosa
en el jardín del amor,
y como era tan fermosa,
fragantosa y olorosa
me enamoré de su hedor.
Quise «verlla» más de cerca
y «sentirlla» junto a mí,
y al agacharme, sin duda
del esfuerzo, me peí.
—¡Ay, coño! —dijo la rosa,

rosa de pitiminí...
y como era tan fermosa,
fragantosa y olorosa,
se murió la pobrecí. (¡Ta!)

En su canción de cuna, el famoso Coco que aterroriza a los niños, es militante y tiene carné.

Duérmete mi niño,
que viene el CC.OO. CC.OO.,
y se lleva al patrono
que paga poco.

Su *Canto a Cibeles* tiene un final sorprendente.

Cuando embelesado en mi soliloquio estaba,
pasos en el suelo oí
que hacia mí se adelantaban.
Torné la cabeza y vi
una especie de diabólica tartana.
¿Sabéis quien era? Neptuno, vestidito de organdí.
Saqué mi espada, con orgullo y honor,
y en este lance, el menguado Neptuno
clavóme el tenedor.
¡Adiós Cibeles!... ¡Acuérdate de mí!...
fueron mis últimas palabras.
Y al poco rato, ¡paf! morí.
(Éstas son cosas que molestan. ¡A vel!)

¿Me extiendo con Tip? Tiene su explicación. A falta de su voz, de su mímica, de su gracia natural, sus versos nos acercan a su personalidad fabulosa. Querido por todos, reconocido por todos, no valorado por todos. En Luis Sánchez Polack hay un escritor que, por lo menos, sabe escribir. Su parodia del *Romance a la infanta Isabel* de Rafael Duyos es una delicia. Su escatológico poema *Me han dicho*, sólo puede sacarlo del atolladero su buen gusto.

Y allí estabas tú, ¡qué espanto!
Me han dicho que te has cagado
ayer noche en la taberna.
Y no lo quise creer,
dijera, quien lo dijera,
y vine corriendo a verte
corriendo con estas piernas,
para ver si era verdad
que del vientre andabas suelta.
Y dudaba, y desmentía
aquella tremenda idea
diciendo: ¡«*Nes pas posibl*»
que se haya cagado ella!
Porque te quiero, mi bien,
porque te quiero de veras,
no quise hacer caso, niña,
de lo que hablaron las lenguas.
Mientras en esto pensaba,
hice entrada en la vereda
que conduce a tu casita
cubierta de madreselvas.
Antes de entrar, me detuve
en el quicio de la puerta,
y sentí que el corazón
por dentro me daba vueltas,
y mis ojos se nublaron
al ver que estaban abiertas
las ventanas de tu alcoba
que dan mirada a la huerta.
Un presentimiento extraño
recorrió todas mis venas,
y un sudor frío inundó

mis carnes duras y tersas.
Apreté la dentición
de los dientes y las muelas,
y corriendo como un loco
ascendí por la escalera.
Y al entrar en el dintel
de la puerta de madera,
sentí un golpe en la nariz
tan penetrante, morena,
que no pude reprimir
este grito de sorpresa:
—¡...!
Y allí estabas tú, ¡qué espanto!
apoyada en la alacena,
rebozada hasta el cogote
de espesa y nutrida mierda.

Confuso y desesperado
salime a la carretera,
a respirar aire puro
de los montes de la sierra.
Y... ¡ay! entonces comprendí
que era verdad, y muy cierta,
que tú te habías cagado
ayer noche, en la taberna.

Lorquiano puro. En *Tarde de toros*, dos momentos sublimes. Cuando el torero cita a la fiera:

Llegó la hora de la verdad.
Llegó la hora de la estocada.
Cuadré al berrendo,
pulsé la espada...
Lo cité: —¡Hiejjeee!
Y el toro, nada.
Me acerqué a él (aproximadamente a unos 20 cm)

le agarré por la barbilla
y le vi que por el ojo
le salía una lagrimilla
por aquí, por la mejilla.

Y al final. El torero no quiere matar al toro.

Y el toro, antes de marchar
llorando por su alegría,
con júbilo y embeleso
contestóme: —Hasta otro día.
¡Mil gracias! —y me dio un beso.
(pues mira, es muy de agradecer).

Y un último romance de Tip, que en otros hubiera resultado grosero y escatológico, y en su caso, es morada del tacto. *Romance de la deposición.*

¿Quién de ustedes no ha sufrido
ese momento fatal
alguna vez en su vida
del apretón corporal?
Las lágrimas se te saltan,
el vientre te va a estallar
y no encuentras a tu paso
un solar en donde obrar.

Estás solo, desvalido,
llorando a todo llorar,
y apretando vas las nalgas
que te impiden el andar.
Mas de pronto, en una casa,
ves que está abierto el portal,
y penetras como un loco
porque ya no puedes más.
Y allí, sin más circunloquios,

sin ningún otro pensar,
te colocas en cuclillas
y, ¡carrasclás, carrasclás!

¡Qué hermosura tan fermosa!
¡Oh, qué gran felicidad!
Mas no pensaba el doncel
lo que habría de pasar.
En tan crítico momento,
cuando no era de esperar,
aparece una gran dama
que ansí comienza a fablar:
—¿Qué facéis de aquesta guisa,
sentadito en mi portal,
soltando a diestro y siniestro
efluvios de mal llevar?

Y ansí contesta aturdido
y deshonrado el galán.
¡Escuchad, castas doncellas,
bien oiréis lo que dirá!

—Señora, ya no podía
por más tiempo de aguantar,
y aquí os dejo mi presente
colocado en el zaguán....
porque soy pobre, señora,
más cosa no os puedo dar.

Y agora fabla la dama,
¡bien oiréis lo que dirá!

—Alcalde, quiero justicia,
y a aqueste home arrestad,
pues que vació su cuerpo
en medio de mi zaguán.

En el centro de la plaza,
el cadalso hacen alzar,
y entre nobles y plebeyos
ocurrió el acto fatal.

De cúbito prono estaba
aquel infausto rufián,
y entre sus nalgas vertieron
medio litro de alquitrán,
para que jamás volviera
¡a cagarse en un portal!

Antonio Burgos, sevillano y barroco, gran escritor. Durante muchos años vinculado al *ABC* de Sevilla, donde escribió diariamente su célebre «Recuadro». —Hoy en *El Mundo*—. Burgos es de los pocos que saben por dónde va la métrica y la rima, y de cuando en cuando juega y se desahoga con la poesía satírica. Escribe, sobre todo, sevillanas y seguiriyas, y lo hace con la luz de su tierra. En una reciente campaña electoral, a Javier Arenas, el hábil político conservador andaluz.

La Virgen del Rocío,
como es tan alta,
se ha librado que Arenas
le dé el programa.
¡Pinos del Coto,
corred, que viene Arenas
pidiendo el voto!

Pa arriba va mi niño
trepa que trepa,
¡Viva Adolfo Suárez!
¡Viva la Pepa!
Me han dicho a mí,
que al Niño lo protege
la Becerril.

Se presenta a elecciones
pega el petardo,
y al Niño hay que buscarle
pronto otro cargo.
Ay, menos mal...
Soledad se lo lleva
de concejal.

Concejal de Sevilla,
Torre del Oro,
que este democristiano
vale un tesoro.
Vaya carrera
hizo el Niño que vino,
vino de Olvera.

XIV

YO, MODESTAMENTE

¿De Manuel Alcántara, de José Hierro, de Pérez Creus? Digno de los tres. Debo decir que Pepe Hierro me aseguró su autoría. Epigrama a Federico Muelas, poeta de largos decires e interminables discursos. Pronunció un pregón de Navidad que casi finaliza en Semana Santa. De alguno de ellos —y mientras no se demuestre lo contrario, de Pepe Hierro—, son estos octosílabos:

> En el Portal de Belén
> habló Federico Muelas.
> Al terminar, las pastoras
> eran ya todas abuelas.

Paseaba Manuel Halcón —inolvidable don Manuel— por el madrileño paseo de Recoletos. Situación difícil. Urgencia fisiológica. Él, elegante hasta en el trance menos favorecedor, se ve obligado a acudir en estado de emergencia a un nauseabundo urinario callejero. Cumplida la misión, Manolo Halcón —casi sin respirar— sube las escaleras en pos del aire frío y sano de la Corte invernal. Pero no ha superado dos escalones cuando repara en un poema escrito en la pared. Ingenio satírico o humorístico anónimo, voz de la calle.

En la lengua de Cervantes
nunca lograré explicar
lo que me cuesta orinar
si llevo puestos los guantes.
Porque si lo hago con prisa,
nunca sé si lo que agarro
es la picha o la camisa.

Manuel Halcón, primer jueves por la tarde, lleva su hallazgo a la sede de la Real Academia Española. Narra su epopeya, recita en voz alta la séptima encontrada, y celebra el ingenio del meón desconocido. Pero Joaquín Calvo Sotelo insinúa un fallo. —Le falta un verso—. Y Joaquín lo completa.

En la lengua de Cervantes
nunca lograré explicar
lo que me cuesta orinar
si llevo puestos los guantes.
Porque si lo hago con prisa
y en el torpe intento, marro,
nunca sé si lo que agarro
es la «cosa», o la camisa*.

Joaquín —inolvidable don Joaquín—, gustaba de los laberintos semánticos y métricos. Una tarde me llama por teléfono. «Si encuentras una rima consonante con "lámpara" te convido a un centollo.» Dos días después, me rendí. La solución, una trampa magnífica.

El panadero, debajo de una lámpara
la harina amasa con tacto y frenesí.
Y en el horno, dorado, saca el pan para
ti.

* Además de completarlo, Calvo Sotelo lo suavizó.

Fernando Vizcaíno Casas escribe e improvisa epigramas con una soltura y eficacia admirables. Su obra literaria derivó hacia otras latitudes, pero es justo constatar su dominio de los versos, muy especialmente de los octosílabos, y el buen talante y talento de sus composiciones. Fernando Vizcaíno ha sido relegado —su éxito como novelista y fabulista es indiscutible—, por su «franquismo» militante. Injustísima acusación. Vizcaíno Casas, de indudable nostalgia, jamás hubiera sido un protegido del franquismo. Es más, se habrían prohibido sus prosas y versos por el propio Régimen. Liberal y educado, culto y rápido, Vizcaíno Casas merece el respeto por defender su verdad y escribir sin complejos. En otros, se aprecian asperezas que Vizcaíno no tiene.

Franco estaba agonizando,
se moría a simple vista,
y Fernando Vizcaíno,
se hizo a su muerte, franquista.

Es decir, que acudió en socorro del perdedor, siendo un liberal. Algo de mérito tiene.

Alfonso Ussía nace en *Sábado Gráfico*, con Eugenio Suárez. Sus primeros versos publicados, una sátira sobre la vida en Jerez de la Frontera y que Antonio Gala entrega al editor de la revista, tienen un cierto éxito. Allí pasará varios años. Después *ABC* y Antena 3 de Radio, reclamado por Manuel Martín Ferrand, con un poema diario, a un paso de la medianoche.

El buda del separatismo vasco, Telesforo Monzón, que se hizo independentista porque no fue marqués, dice esta soberana tontería: «No soy español; soy extranjero.»

Pero tenga más decoro
y piense un poco primero.
¿Cómo va a ser extranjero
llamándose Telesforo?

En la COPE, con Luis del Olmo, Ussía es expulsado. Se acerca la Navidad y en *El debate de la nación* se recitan versos navideños. La banda terrorista ETA ha hecho estallar un coche-bomba en la casa cuartel de la Guardia Civil de Zaragoza. Entre los muertos, cinco niñas. El obispo de San Sebastián, codueño de la COPE, ha rehusado comentar la barbaridad porque «ha sucedido fuera de su diócesis».

En el Portal de Belén
nadie toca la zambomba
porque un hijo de Setién
ha colocado una bomba.

Luis del Olmo se niega a aceptar la expulsión de Ussía. Acude con él a la sede de la Conferencia Episcopal Española, previamente citado —Del Olmo, no Ussía—, por el secretario de la Conferencia Episcopal, monseñor Fernando Sebastián, hoy arzobispo de Pamplona. Monseñor es tajante con el vate: «Usted, Ussía, ha faltado muy gravemente al respeto a los obispos de ETA.» «Menos que usted, monseñor, que se ha referido a los obispos de ETA y no a los obispos vascos.» La COPE se la envaina y Luis del Olmo sigue con su programa.

Era alcalde de Madrid Enrique Tierno Galván, genial, sabio, cínico, descreído, cultivadísimo. El «Viejo Profesor.» Un día, en unas declaraciones desafortunadísimas, mete la pata y hiere. Ussía le escribe un doble soneto en *Sábado Gráfico* y es empapelado por el fiscal del Reino, Fanjul Sedeño. Tierno no ha movido ni un dedo. Posteriormente sería absuelto tras la vista celebrada en la Audiencia Provincial de Madrid. El soneto, duro e injusto, se inicia así:

Avutarda de gris, chova pausada.
Cerceta demagoga y peregrina,
liebre sin juventud, chocha becada,
serpiente serpeante y serpentina.

A don Enrique (Tierno) le importó un comino el soneto. Años después, durante la presentación de un libro de Rodolfo Martín Villa, el «Viejo Profesor» envió un recado escrito a Ussía con el siguiente cuarteto:

Su soneto he leído verso a verso
y es notable en la métrica y la norma.
Música audaz. Bellísimo en la forma,
y en el fondo, intrépido y perverso.

Tenía mucho más sentido del humor que el pobre fiscal.

Son los tiempos de la Transición. El yerno de Franco, Cristóbal Martínez Bordiú, marqués de Villaverde, pronuncia una conferencia en la sede de Fuerza Nueva, invitado por Blas Piñar. En lugar de rechazar la invitación, Villaverde acude y habla, y se deja llevar por la nostalgia. Pone a parir a la democracia, al Rey, a Adolfo Suárez y a todo lo que no sea volver la vista hacia el pasado. Poema de cabo corto.

El que era de Franco yer
Cristóbal Martínez Bor,
duque de Franco consor
y marqués de Villaver,
inauguró sin acier
su labor conferencián,
y habló de Francisco Fran

de forma tan vehemén,
estúpida y petulán,
que por osado e imprudén,
avergonzó hasta Fernán
Fuertes de Villavicén.
Dijo Cris en Fuerza Nué,
con toda la sala llé
de ardorosos nostalgí,
que él nunca tuvo problé
humanos con el Caudí,
por ser siempre de su sué
el yerno más preferí,
padre amante de sus nié
y de su hija, el marí.
Este cirujo inmadú,
que fue el mayor caradú
del ancho globo terrá,
invencible haciendo el chú
durante cuarenta á,
va, y se presenta histerí
como un Castelar cualquié,
y suelta un batiburrí
de idioteces y memé
sin fundamento y de pron,
que hasta la plaza de Orién
con diecisiete millón
de fraquistas vehemén,
se quedaría en silén
por un discurso tan ton.
El doctor cardiovascú,
que fue marqués de rechá
y hoy gracias al Rey, es dú
de Franco y Grande de Espá,
ha hablado como un merlú,
y se ha quedado tan fres,
aplaudido por Blas Pi,

Raimundo Fernández Cues,
y el resto que fue a la fies
de Mejía Lequerí.
Y es que el hombre está que ar,
porque no tiene un enfer,
ni le saludan los guar,
ni puede cenar los vier
en el palacio de El Par,
con doña Imelda de Mar,
Nené Nieto, doña Car,
y don Alfonso, su ex yer.
Porque ya nadie le inví
a cazar por un negó,
ni le paga el Banco Co
sus viajes a Maní.
Porque, en cualquier sanató
no es más que un simple medí,
cuando en tiempos del Caudí
no le tosía a Cristó
ni el doctor Jiménez Dí.
Porque, ni a cenas ni a cock
de uniforme, frac o smock
ni a ningún público ac
le convidan, está el doc
muy dolorido en su tac.
Él, que fue dueño de Espá,
muerde de rabia y de fú,
porque el Rey y Adolfo Suá
han desatado los nú
que estaban tan bien atá,
convirtiendo en democrá
lo que fue una dictadú,
y eso a Cris no le hace grá
y le pone de mal hú.
Martínez, si no se cá,
le van a decir, segú,

que con sus penas se vá,
¡Se vaya a tomar por cú!

Un grupo de señoras de ideas muy pasaditas —y pesaditas— visita al Rey para recomendarle la recuperación de los cargos palatinos. Quieren ser damas y camareras de la Reina.

El Rey atiende, y con cierto cachondeo, les dice: «Más que camareras, lo que me hacen falta son cocineras, porque últimamente, en esta Casa, se come bastante mal.»

Lolochu San Coplas, Ninín Lomabella,
Quinola Aguaclara, Monona Altaestrella,
Menchu Sotoagreste, Lucila Manríquez,
Bea Castronieve, Vicky Predio-Henríquez,
Solita Dosjaras, Merche Costallana,
Piedy Escudo-Romo, Cuca Lunagrana,
Baby Almenagorda, Chus Casa de Noya,
Fefa Sauce Mustio, Luz Chichisaboya,
Fina Alberca-Seca, Chelo Seis Castillos,
Nines Fuenbermeja, Carla Guadalcillos,
Ana Montecuzco, Nuria Finisterre,
y Mónica Sérre, Nantérre y Dampiérre,
que son muy elegantes, distantes y lelas
—las calcamonías de sus bisabuelas—,
nietas todas ellas de damas de porte,
mayordomos reales, privados de Corte,
que en la Monarquía blandieron su espada
para salir todos a la desbandada...

Porque algunos creían que los reyes se iban a rodear de intrigantes y trepadores.

Nace el príncipe heredero de la Gran Bretaña. Muchos le envidian.

Pues no es cosa baladí
poder hacerse un pipí
encima de Lady Di.

Los socialistas han arrasado en las urnas. Empiezan a despuntar rasgos de nueva riqueza y horterez en los gobernantes del PSOE. El hotel Los Galgos sirve de picadero oficial. No han transcurrido dos años. Estamos en 1984.

Yo soy un socialista de barba y nuevo cuño;
asisto al Parlamento vestido con jersey,
enchufo a mis amigos, apenas alzo el puño
y tiemblo de esnobismo cuando saludo al Rey.

Prefiero el whisky al vino, las copas que los
vasos,
mi esposa da lecciones diarias de *aerobic*,
y más que por moquetas, prefiero que mis pasos
deambulen sobre alfombras firmadas por
Stuick*.

No sé aún bien lo que es fino, y a veces no
secundo
las normas que se exigen en torno al comedor.
Son muchos los cubiertos que ponen, y
confundo
el uso del cuchillo, cuchara y tenedor.

Si un guardia me saluda, el vello se me eriza
con todo el aparato que imprime la ilusión;
no es fácil dar el paso que de la longaniza
te lleva, por los votos, al ritmo del salmón.

* Real Fábrica de Tapices.

Me priva tener chófer y rápidos bedeles,
activa secretaria y escolta servicial.
Y adoro leer mi nombre impreso en los papeles
junto al de mi alto cargo del ámbito oficial.

La ropa deportiva la compro en *Yusty* o *Dennis*,
y así el fin de semana lo paso set a set
con otros del Partido, jugando al Padel tenis
que me hice hace unos meses al lado del chalet.

Mis viajes en primera, los paga el ciudadano,
mis siestas en *Los Galgos*, la fiel comunidad.
Yo soy un socialista de barba y nueva mano,
artífice del cambio de nuestra sociedad.

La calle, cruel e injustamente, ha elegido como monigote de chistes malos, antiguos y hasta soeces, al ministro de Asuntos Exteriores, Fernando Morán, político y diplomático de probada honradez y dignidad. La eficacia, es otra cosa.

Pero Morán, un día, no se sabe por qué, dice que los empresarios son los culpables de la «campaña de descrédito» contra su persona.

Morán dice que sus chistes,
tan viejos, malos y tristes,
la Empresa los inventó.
Aunque la Banca sea infame,
Morán los errores lame
lame
lame
la... metió.

Morán, que es todo un prodigio,
afirma que su prestigio
nunca tan alto llegó;

que su estrella, en vez de opaca,
brilla como china laca,
laca,
laca,
la... cagó.

Más moral que el Alcoyano
demuestra este mustio humano
que el Poder nos regaló.
Y es que el chico, amén de majo,
habla con cierto relajo,
lajo,
lajo,
¡La... jodió!

Reprivatización de RUMASA. Rumores de faldas. Boyer, el todopoderoso, beneficia y enriquece a sus amigos. Seguimos en 1984. Vuelan las comisiones.

Circula de boca en boca
un rumor que mucho escama.
Que Boyer por cierta dama
tiene la cabeza loca.
Por lo tanto, nada choca
que la chinita en cuestión,
se lleve una comisión
acorde con su relieve.
La dama «Isabeloewe»
nos va a costar un «griñón».

En *Época*, el semanario fundado y dirigido por Jaime Campmany escribe sus Bocetos consonantes, retratos al soneto de los personajes, personajillos y personajuchos de la vida política y social española.

Así de Isabel Preysler, la gran trepadora.

¡Quién, Isabel, pudiera darte alcance
aún estando alcanzado de alcancía!

De Isabel Tocino, diputada del PP, finalmente ministra de Medio Ambiente.

Modere su peinado la Tocino
y ahuyente el artificio de las mechas.

De Juan Barranco, alcalde socialista de Madrid.

Más que alcalde, parece dependiente
de almacén en «Sección de caballeros».

De Jean Marie Rossi, otoñal anticuario y galán francés, de quien se dice que en posición de descanso absoluto presenta una extensión de fuchinga de treinta centímetros, centímetro más, centímetro menos.

Puede ser otoñal, más nunca eunuco.
Siempre enhiesto y alzado como un pino;
las mujeres confirman que es divino
y que tiene grandísimo el trabuco.

En 1988 ya se sabía que Javier de la Rosa era un granuja y que lo de KIO olía mal.

Kío, Kío, Kío, Kío,
pío, pío.
Desbordado viene el tío
que el petrodólar jalea.
No me fío, no me fío
del Kío y de su ralea.
Mi nariz, algo olfatea
y me dice que la Kío
tiene pío, pío, pío...
piorrea.

Un sonetillo amable y superficial al obispo Setién, el perverso obispo de San Sebastián.

Para mal o para bien
—lo de bien, es ilusión—,
nos sigue dando el tostón
el cobarde de Setién.

El obispo es un rehén
de su necia obcecación
y merece, con perdón
de quién sea, que le den.

Que le den por traspuntín,
que en español, en latín,
en vascuence y alemán,

quiere decir sin ningún
desliz de agravio común,
que le den por el zaguán.

Cena en el Palacio Real. Presiden los Reyes y los Condes de Barcelona. Treinta invitados. A la izquierda de Ussía, Rosario Conde, primera mujer de Camilo José Cela. Enfrente, el teniente general Joaquín Valenzuela, jefe del Cuarto Militar del Rey, superviviente cojonudo de un horrible atentado de ETA. Al lado del general, una mujer guapa, divertida y sonriente, la esposa de Enrique de la Mata Gorostizaga.

Ussía intenta mantener una conversación fluida con doña Rosario Conde. Empresa imposible. Doña Rosario no está nada interesada. Ussía recurre al final, incluso, a la inteligencia de los delfines.

USSÍA: Los delfines son seres inteligentísimos.
D.ª ROSARIO: Eso dicen algunos.

USSÍA: En Mallorca hay muchos.
D.ª ROSARIO: Allá ellos.

Este segmento de la conversación fue, quizás, el más animado de la noche. El general Valenzuela le pide a Ussía que le firme de recuerdo la tarjeta del menú. Ussía cumple el encargo con gusto.

Del poeta Alfonso Ussía
al general Valenzuela:
Te cambio tu compañía
por la señora de Cela.

El Rey repara en el traslado del papel. Pide la tarjeta. Valenzuela pálido, con la color perdida. Ussía trémulo, con el rostro níveo. El Rey se propone leer en voz alta el epigrama. Afortunadamente, se detiene en el tercer verso. El Imperio se ha salvado. Por primera vez en la noche, la señora de Cela se anima y comenta a Ussía: «Una pena que el Rey no haya leído sus versos.»

A Ussía lo que le divierte es jugar con la métrica y encontrar soluciones a sus problemas. Haciendo honor a la tradición satírica, fustiga a los arribistas, a los innecesarios, a la gente que vive de salir en las estúpidas y cotillas revistas del corazón. Verano de 1996. Se publica en *Época*.

Me siento más que perdido
en mi diario teatro.
Terelu ignora que la ido-
latro.

Rociíto con su boda
me hundió en la melancolía,
y no me he repuesto toda-
vía.

Mabel Lozano es la novia
de un muchacho muy aparente,
y eso me molesta obvia-
mente.

La Chávarri como un queso
nadando de playa en playa,
y yo, más pasado que So-
raya.

Voy de la Ceca a la Meca
dándome comba y rimbombe,
y el resultado es una heca-
tombe.

A la Mazza —¡Bella Diosa!—,
llamo un día y otro día,
y ella sólo dice: —¡Qué osa-
día!

Quien fuera potro alazán
hoy no llega a humilde poni.
Igual que Espartaco San-
toni.

Mar Flores está en la mar
mirando a su nueva estrella,
aquí yo, y Gunilla en Mar-
bella.

De «Villa Meona», la jefa
ya está en feliz compañía.
Menos feliz está Estefa-
nía.

Que por mucho que perdone,
yo sé bien lo que le rasca

la cornamenta a esta mone-
gasca.

De vuelta todos estamos
menos Karina y su hortera,
Fran, Bertín, Carrasco y la Mos-
quera.

Hasta Carmen Bordiú, sé
que ha vuelto llena de historias,
para proseguir sus *Me-
morias*.

Vuelven nuestras *folk* y *pop*
a cantar, y está encantada
Isabel con su hija adop-
tada.

Rocío Carrasco y el cara
de David en su camelo,
y el parto a punto de cara-
melo.

«Dado» de Ana siempre tras,
Ana luciendo su ombligo,
y yo aquí, escribiendo... ¡Qué cas-
tigo!

Diana a dieta, pasando hambre
y tras el divorcio, huraña
con su ex Carlos de la Gran Bre-
taña.

A esto, Carlos, *very happy*
porque ya está con Camila
y le quema menos la pi-
lila.

Las exclusivas de rosa
compitiendo en el bolsillo.
¿Tendrá un niño o niña, «Rosa-
riyo»?

¿En dónde se esconderán
de las hordas reporteras
Melanie Griffith y Ban-
deras?

Golpe a golpe van y salen
mis versos y mi cautela.
Quiero mucho a Laura Valen-
zuela.

Pero el amor no es silencio,
e injusto sería que a Lara,
como a Terelu no mencio-
nara.

Gastado ya el fusil de
disparar plomo sonriente,
pido perdón muy humilde-
mente.

Y para terminar con este individuo, un nuevo juego métrico, con Madrid y su vivir insoportable como excusa.

Madrid me produce es	3,
mis nervios no son de a	0
y no soy Carlos Ter	0
que es igual que Carlos	3.
Detesto sus malos mo	2
y su ambiente inoport	1,
y devuelvo el desay	1

no un día o dos, sino to .... 2.
Café o té, bollo o bizc 8,
sea a las ocho, sea a las 10,
me sientan peor, ¡par .... 10!
que un tiro, porque trasn .... 8.
Preciso que se re 9
mi descanso hasta las 11,
porque mi cuerpo es de br 11
si me levanto a las .... 9.
Temo los peores desas 3
y aunque venga un hechi 0,
va a caerme el agua 0
de mis deudas y mis las .... 3.
No tengo asidero alg 1,
y aunque optimismo derr 8
me estoy quedando más ch 8
que don Miguel de Unam .... 1.
Por lo tanto, no abu 6
de mí, que en estos perio 2,
ni aguanto los malos mo 2
ni acepto que me pi .... 6.
Mi poema chapu 0
doy por muerto, y si algún t 1
le pone reparo alg 1
¡Que le den por el lu .... 0!

En *ABC*, una vez a la semana, escribe sus coplillas satíricas Francisco Rabal, estupendo actor y poeta con gracia. Le salen los versos pícaros y oportunos, como su sobresaliente personalidad. Descubre al Rabal poeta Jaime de Armiñán, y en un primer intento, dada su fiel y mantenida militancia en la izquierda —Partido Comunista de España—, cree Rabal que el destino de sus divertidas y agudas composiciones habría de ser *El País*. Como siempre ocurre con los auténticos escritores de la izquierda, quien acoge su ingenio es el *ABC*.

Simultáneamente, y sólo en la radio —es la mano derecha de Luis del Olmo—, sobresale el cordobés Antonio Rúa, fecundísimo y certero. De Isabel Preysler y Miguel Boyer, Rúa escribe:

No hablemos de esa Isabel
y su Miguel tan fogoso;
es un caso embarazoso
y se me eriza la piel.
Dicen que tiene el marino
en cada puerto, un amor.
Esta «China» es un horror,
y en cada amor, tiene un «chino».
No hay ninguna que le ladre
y con su tipo canijo,
conseguirá el quinto hijo
y va a hacer el tercer padre.

XV

EL MALVADO DESCONOCIDO

A finales del año 95 surgen en Madrid los epigramas del auténtico «desconocido». Un alto funcionario del Estado que huye de su identidad para escribir versos satíricos, por lo normal octosílabos. Le dedica alguno a un enchufado del PSOE con pretensiones de poeta llamado Félix de Azúa.

Pesebrista y vividor.
El Campoamor de la «izquierda»,
se cree que es el mejor
y ¡caramba!, es una mierda.

«El desconocido» utiliza el correo para enviar sus epigramas, y justo es reconocer que más de uno merece su publicación. Del hijo de Julián Marías escribe.

Se cree más que papá,
se mueve como una infanta,
es más blando que un sofá
y nunca se le levanta.

No parece sentir simpatía por el hijo del ilustre discípulo predilecto de Ortega. Cuando la Real Academia

Española concede al joven Marías el premio Fasthenrat, se oyen voces discrepantes —algunas desde la propia Real Academia—, apuntando presiones del padre para que el premio recayera en el hijo.

La Academia, al pedantillo
le concedió el Fasthenrat,
porque un jueves y otro jueves
el pelmazo de papá
en la sesión preguntaba:
—Lo del niño, ¿cómo va?

Miguel Boyer tampoco entra en su círculo de amistades, pero no se regodea en la animadversión.

El pobre Boyer bolló,
y sintió tanto placer
que desde que lo probó
no ha parado de boller.

Era Juan Benet un buen escritor. Distante, pedante, altivo y tierno al tiempo, e ingeniero de caminos. Para el epigramista, la muerte no es tabú para herir.

Ingeniero de caminos,
indesmayable escritor,
y de todos los cretinos...
el mayor.

A Javier Pradera le endilga un epigrama más áspero y resentido.

De la pradera de Franco
—Lenin por medio—, a Polanco.
Entre pesebre y pradera
¡qué carrera!

que decir más de lo que escriben, forzando el idioma a veces hasta el milagro. El de los melancólicos e incomprendidos que quieren dejar constancia histórica de sus desacuerdos. El de los limpios de aire que abominan de los innecesarios, los cursis, los prepotentes y los imbéciles y los corruptos. El poeta satírico, el juglar coñón, siempre se moja el trasero,y de un lado o del otro recibe la lisonja o la reprimenda, el abrazo del pueblo o el palo de la justicia, la sonrisa generosa o el resentimiento del agraviado. De Gabriel Celaya:

> Maldigo la poesía
> concebida como un lujo
> cultural por los neutrales,
> que, lavándose las manos,
> se desentienden y evaden.
> Maldigo la poesía,
> de quien no toma partido,
> partido hasta mancharse.

Son ellos, todos o casi todos. Algunos se han escapado, y otros no figuran por culpa del autor. Al lector, que juzgue mientras sonríe o se enfurece al paso de los versos de los coñones del Reino de España.

BIBLIOGRAFÍA

ABATI, JOAQUÍN: *El conde Sisebuto*. Círculo de Lectores. Barcelona, 1992.

ALBERTI, RAFAEL: *Roma, peligro para caminantes*. Litoral. 1969.

— *Poema al Ilustrísimo señor vizconde de Almocadén*. Bodegas Domecq. Jerez de la Frontera, 1928.

BALBONTÍN, JOSÉ ANTONIO: *Romancero del pueblo*. Imprenta de Juan Pueyo. Madrid, 1931.

BÉCQUER, VALERIANO Y GUSTAVO ADOLFO «SEM»: *Los Borbones en pelota*. Ediciones El Mundo Universal. Madrid, 1991.

BELLÓN, J. A.: *Cancionero de obras de burlas provocantes a risa*. Editorial Akal.

BERNAT BALDOVÍ, JOSÉ: *Poesías*. Imprenta de la Regeneración Tipográfica. Valencia, 1859.

BORÍ Y FONTESTÁ, ANTONIO: *Felicitaciones, discursos y epitafios*. Librería de Montserrat. Barcelona, 1911.

BORRÁS, TOMÁS: *Jacaranda de Madrid*. E. Vasallo de Humbert. Madrid, 1975.

BURGOS, ANTONIO: *Andalucía, ¿Tercer Mundo?*. Ediciones 29. Barcelona, 1971.

CAMPMANY, JAIME: *El libro de los romances*. Espasa Calpe. 1994.

— *Segundo Libro de los romances*. Espasa Calpe. 1995.

— *El jardín de las víboras*. Espasa Calpe. 1996.

CELA, CAMILO JOSÉ: *Memorias, entendimientos y voluntades*. Plaza y Janés, 1993.
Colección de poesías festivas para diversión inocente de niños y ancianos escogidas por El Viejo. Sociedad de Operarios. Madrid, 1849.
CURRIOLS, FELIPE N.: *Tesoro epigramático*. Curriols. Barcelona, 1894.
DEL PULGAR, HERNANDO: *Coplas de Mingo Revulgo*. Espasa Calpe. 1972.
EGIDO, TEÓFANES: *Sátiras políticas*. Alianza Editorial. Madrid, 1973.
Epigrama, El: de autor desconocido. Madrid, 1913.
FERNÁNDEZ VALDÉS, LUIS «LUDI»: *Un kilo de versos*. Ediciones GH. 1986.
FILONEPIÓN, TIMOTEO: *Catecismo en verso*. Calleja. 1827.
FOXÁ, AGUSTÍN DE: *Obras Completas*, tomo I. Editorial Prensa Española. 1963.
GORDILLO COURCIÉRES, JOSÉ LUIS: *Un poeta satírico del XIX*. Compañía Literaria. Madrid, 1994.
Homenaje a los aviadores del vuelo Madrid-Manila. ABC y *Blanco y Negro*. Madrid, 1926.
IGLESIA, ÁLVARO DE LA: *La Codorniz sin jaula*. Planeta. 1981.
IGLESIAS DE LA CASA, JOSÉ: *Poesías*. Imprenta de la Renta Pública. Madrid, 1840.
JIMÉNEZ, ÁNGEL: *Del Palace a Balmoral*. Varma. Madrid, 1993.
LIZANO, JESÚS: *El libro de los sonetos*. Marte. 1967.
LLOPIS, JORGE: *Las mil peores poesías de la lengua castellana*. Planeta. 1973.
LÓPEZ BARBADILLO, JOAQUÍN: *Cancionero de amor y de risa*. López Barbadillo. 1917.
MARCIAL, MARCO VALERIO: *Epigramas*, tomos I, II y III. Librería Viuda de Hernando. Madrid, 1890.
MARTÍNEZ VILLERGAS, JUAN: *Poesías escogidas*, tomos I y

II. Imprenta militar de Soler, Álvarez y Cía. La Habana, 1885.

MINGOTE, ANTONIO: *Historia de Madrid* . Grupo Libro. 1992.

— *Dos momentos del humor español.* Real Academia Española. Madrid, 1988.

MORATÍN: *Obras dramáticas y líricas.* Madrid, 1844.

PABÓN URBINA, JESÚS: *Narváez y su época.* Austral. Espasa Calpe, 1983.

PALACIO, MANUEL DEL: *Chispas.* Manuel P. Delgado. Madrid, 1894.

— *De Tetuán a Valencia, haciendo noche en Miraflores.* Centro General de Administración. Madrid, 1865.

PARDO, JESÚS: *Autorretrato sin retoques.* Anagrama. Barcelona, 1996.

PEMÁN, JOSÉ MARÍA: *Antología poética.* Anaya. 1963.

PERATONER, AMANCIO: *Museo epigramático.* Alfonso Durán y Eduardo Puig. 1865.

PÉREZ CREUS, JUAN: *Coplas dichas de Maése Pérez.* Vasallo de Mumbert. Madrid, 1974.

— *Versos perversos.* Del Extramundi y los Papeles de Iria Flavia. 1995.

— *Epigramas.* Del Extramundi y los Papeles de Iria Flavia. 1996.

PÉREZ ZÚÑIGA, JUAN: *Hojas de lata.* Noticiero Guía de Madrid. 1913.

— *Humorismo rimado.* Renacimiento. 1919.

— *Cosquillas.* Renacimiento. 1918.

QUEVEDO, FRANCISCO DE: *Parnaso.* Oficina de Francisco del Hierro. Madrid, 1729.

REYNOSA, RODRIGO DE: *Coplas.* Taurus. 1970.

ROMERO, EMILIO: *Mis versos secretos y prosas canallas.* Planeta. 1981.

SÁINZ DE ROBLES, FEDERICO CARLOS: *El epigrama español.* Aguilar. 1941.

SÁNCHEZ POLACK, LUIS: *Cantares de Mío Tip*. Editorial Latina. 1980.

SCHOLBERG, KENNETH R.: *Antología de la poesía zahiriente del siglo* XV. Esquío. El Ferrol, 1980.

SERNA, ALFONSO DE LA: *Visión de Cantabria*. Editorial Estudio. Santander, 1995.

Silva, grillera y cigarral de Manolito el Pollero. Papeles de Son Armadans. 1966.

TAPIA, LUIS DE: *Coplas del año*. Madrid, 1918.

— *Coplas*. Hispania. Madrid, 1914.

— *Bombones y caramelos*. *El Liberal*. Madrid, 1911.

— *50 coplas*. Homenaje al poeta del pueblo. Madrid, 1932.

USSÍA, ALFONSO: *Coplas, canciones y sonetos para antes de una guerra*. *Sábado Gráfico*. Madrid, 1979.

— *Fustazos y Caricias*. Olivo. Sevilla, 1981.

— *Golfos, gafes y gorrones*. *Sábado Gráfico*. 1983.

— *Sin acritud*. Planeta. 1985.

— *Versos prohibidos*. Espasa Calpe. 1996.

— *Pedro Muñoz Seca. El hombre y el teatro*. Pliegos Ovetenses. Ayuntamiento de Oviedo. 1994.

Y las revistas: *El Buñuelo, Madrid Cómico, Nueva España, El Padre Cobos, Gedeón Día de Moda, El Bazar Murciano, Blanco y Negro, Gracia y Justicia, Litoral, La Codorniz, El Cocodrilo, El Cocodrilo Leopoldo, Época*...

ÍNDICE ONOMÁSTICO

ÍNDICE